LE NIGHT CAP BAR
de Marie Laberge
est le deux cent vingt-deuxième ouvrage
publié chez
VLB ÉDITEUR.

Marie Laberge

Le Night Cap Bar

théâtre

vlb éditeur

VLB ÉDITEUR
4665, rue Berri
Montréal, Québec
H2J 2R6
Tél.: (514) 524.2019

Maquette de la couverture:
Mario Leclerc

Photos:
Jacques Laberge

Distribution en librairies et dans les tabagies:
AGENCE DE DISTRIBUTION POPULAIRE
955, rue Amherst
Montréal, Qc
H2L 3K4
Tél. à Montréal: 523.1182
     de l'extérieur: 1.800.361.4806

Distribution en France:
RÉPLIQUE DIFFUSION
66, rue René Boulanger
75010 Paris
France
Tél: 42 06 55 78

© VLB ÉDITEUR & Marie Laberge, 1987
Dépôt légal — 2ᵉ trimestre 1987
Bibliothèque nationale du Québec
ISBN 2-89005-261-3

À mon frère, Jacques

C'est la plaie du temps que les fous mènent les aveugles.

SHAKESPEARE
Le roi Lear

LE NIGHT CAP BAR
de Marie Laberge
a été créée à Montréal
le vendredi 3 avril 1987
à la Licorne
par le théâtre de la Manufacture
dans une mise en scène de Daniel Simard
assisté de Francine Émond
des décors et costumes de André Barbe
des éclairages de Guy Simard.
et des effets sonores de Michel Saint-Louis.

Distribution

Maryse Gagné — Linda
Denise Gagnon — Agathe
Marie Laberge — Suzy
Robert Toupin — Raymond
et la voix de Jean-Denis Leduc.

PERSONNAGES

LINDA CÔTÉ

22 ans.

Maigre, cernée, abrupte, méfiante, agressive: une personnalité maganée.
Elle ne fait pas la toffe, elle l'est.
Elle ignore totalement sa fragilité, ce qui ne l'empêche pas de l'être.
Une fille trahie à l'os qui donne l'impression de l'avoir mérité, mais
une fille trahie...

AGATHE MARTEL

42 ans.

Plutôt ronde, une beauté bien cachée sous l'âge et le maquillage qui
n'aide pas.
Une femme triste, seule, profondément blessée, mais qui a gardé une
sorte de brusquerie naturelle de sa vie de bar, brusquerie qui lui sert
de défense.
Une autre trahie, mais plus consentante, presque...

SOLANGE BOIVIN-RINFRETTE

36 ans.

Belle. Une sensualité et une intelligence terrible.
Une classe incertaine... qui a des hiatus, comme une leçon mal apprise.
Déterminée et enjôleuse dans la force de ses moyens.
Elle apprécie l'autorité qu'elle a et ne s'imagine même pas le mot
trahison.

RAYMOND THIVIERGE

55 ans.
Il est tout ce qu'on en dit et même un peu moins.
Inutile d'épiloguer: le pauvre type, celui qui se prend pour un as.

LE DÉCOR

Un bar. Minable. Un bar qui aurait besoin d'une sérieuse rénovation, d'un coup d'ambiance ou bien du pic du démolisseur. C'est à se demander s'il fonctionne encore...

Le public peut occuper l'espace «table-chaise» et l'espace de jeu pourrait être le bar en lui-même et une petite scène légèrement surélevée sur laquelle il y a un piano droit fermé et jonché de bouteilles vides comme d'autres le sont de photos de famille. Au fond de la scène, un rideau noir qui pendouille, mal ajusté. Côté jardin, un juke-box en bon état mais genre 1960. Il y a deux entrées : celle qu'emprunte le public, le fond de la salle, et l'escalier caché, derrière le rideau de fond de scène.

L'ensèmble est assez sordide.

Le Night Cap est ni plus ni moins qu'un trou.

Première partie

AGATHE

Linda entre par le côté public, c'est-à-dire l'entrée du public au fond de la salle. Elle est habillée supposément sexy : on doit comprendre par là que ses pantalons lui collent aux fesses et qu'elle porte un petit coat en simili fourrure sur un « top » ajusté et assez dépoitraillé. C'est l'hiver. Linda porte des bottes à talons très hauts. Elle a le teint défraîchi et est pas mal nerveuse. Elle porte ses 22 ans comme une fille qui a déjà trop vécu.

Elle avance vers la scène, tire sa sacoche sur le bar, regarde le désordre (assez évident !), frissonne.

LINDA

Crisse qu'y fait frette ici!

Elle s'active, va derrière le piano, en tire une chaufferette genre « toaster » et va la brancher proche du juke-box. Elle branche le juke-box dont les néons s'allument. Elle tire le rideau du fond de la scène. On aperçoit, outre des restants de splendeurs anciennes (photos, décors, dorures...), un escalier de bois sale qui tourne en montant, un téléphone mural et une fenêtre qui distille une lumière grise, fumée par la saleté. Une lumière de matin lourd. Linda regarde vers le haut de l'escalier.

LINDA

Raymond!

*Elle va prendre une cigarette, retourne à l'escalier. Elle crie
encore en montant.*

LINDA

Raymond, c'est moé là, chus là!

*Elle se ravise, redescend brusquement, reprend son sac et
remonte rapidement.*

*Dès qu'elle est partie, Agathe entre par la même entrée. Elle
est, à peu de choses près, l'opposé de Linda : la quarantaine
très faite, vêtue très ordinaire, couleurs ternes. Elle porte un
foulard de couleur gaie qui tranche sur le reste, un foulard
bien attaché autour de son cou. Ses cheveux sont coiffés soi-
gneusement et fraîchement « rincés » au auburn-roux-à-reflets-
dorés. Agathe est pas mal maquillée pour l'heure matinale.
Elle va directement au bar, sourit, semble assez émue. Elle
ouvre le piano et joue, d'un doigt, une mélodie de Prévert-
Kosma. Elle fredonne un peu. Puis, elle s'assoit sur le banc
du piano, vérifie son rouge à lèvres et regarde alentour d'un
air déçu.*

LINDA

(D'en haut.) Qui cé ça?

*Surprise, Agathe se lève, s'appuie sur le piano pour se donner
une contenance. Linda arrive. Elle s'arrête sur la dernière
marche, regarde Agathe.*

LINDA

Cé qu'vous voulez? C'est fermé, vous voyez ben!

AGATHE

J'voudrais voir Raymond. Raymond Thivierge, s'il vous plaît.

LINDA

Si c'est pour une job, on n'engage pas en haut de trente ans.

AGATHE

«On» n'engage pas?

LINDA

C'est ça: «on» n'engage pas.

AGATHE

Peux-tu m'dire si y est là?

LINDA

Non. J'peux jusse te dire qu'y est trop d'bonne heure pour lui.

AGATHE

(S'assoit sur le banc.) Pas grave, m'a l'attendre.

LINDA

(Elle s'approche.) Là, j'pense t'as pas compris.

AGATHE

J'pense que toi non plus: chus venue voir Raymond, j'vas l'voir!

LINDA

T'es toujours ben pas pour coller là jusqu'à cinq heures à soir?

AGATHE

Dérange-toi pas pour moi.

LINDA

Cé qu'tu y veux à Raymond?

Agathe la regarde d'un air assez froid et ne répond pas.

LINDA

Y va m'appeler t'à l'heure, dis-moi c'que tu y veux.

AGATHE

Tu voudrais ben l'savoir, han?

LINDA

M'en sacre...

> *Elle va au juke-box, met une toune très rythmée, assez violente. Elle se dandine sur la musique, va au bar, se sert un schnapps et commence à ramasser les verres vides. Elle sort un gros sac vert plein de cochonneries de derrière le bar et le traîne vers l'arrière-scène. Elle s'arrête devant Agathe qui se trouve à lui barrer un peu le chemin.*

LINDA

Si ça t'fait rien...

> *Agathe se lève, se tasse. Linda va porter le sac vert en le traînant dans un coin proche de l'escalier. La toune se termine.*

AGATHE

Si j'comprends bien, t'es a femme de ménage.

LINDA

Aye, es-tu venue icitte pour m'écœurer, toé?

AGATHE

Chus venue voir Raymond.

LINDA

Ouain… ben si t'es venue pour auditionner, perds pas ton temps. J'te l'ai dit, on n'engage pas des has been.

AGATHE

Qui c'est qui fait le show?

LINDA

Quel show?

AGATHE

Ben… *(Elle montre le piano de la tête.)* Qui c'est qui chante avec lui?

LINDA

Y a parsonne qui chante avec lui. Y est même pus capable de jouer tu-seul, y a pas besoin d'quequ'un qui va venir le mêler. Si c'est pour ça qu't'es venue…

AGATHE

Non, c'pas pour ça.

LINDA

Le vrai show icitte, ma p'tite fille, y est là *(elle tape sur le juke)* pis là! *(Elle se met les deux mains sur les seins.)* Raymond, y joue pus. Le show icitte, c'est moé.

AGATHE

Ouain… j'vois l'genre.

LINDA

Si ça fait pas ton affaire, la porte est pas loin. T'as l'air de connaître les aires, gêne-toi pas pour moi!

AGATHE

J'connais les aires çartain, c'est moi qui l'a ouvert c'te place-là. Pis chus ben sûre de pas t'avoir engagée.

LINDA

Ça doit faire un boutte que t'es partie: ça fait 7 ans qu'chus là! J'ai commencé, j'tais pas en âge de boire.

AGATHE

T'es danseuse?

LINDA

Genre, oui...

AGATHE

Y n'a-tu d'aut' avec toi?

LINDA

Non, on n'a pas la clientèle pour.

AGATHE

Ça pas l'air de marcher fort.

LINDA

Veux-tu un verre? Sus l'bras...

AGATHE

Sus quoi?

LINDA

C'est moi qui paye.

AGATHE

M'a prendre une bière.

LINDA

(*En faisant le service.*) Comme ça, t'as déjà travaillé ici?

AGATHE

Dix ans.

LINDA

Pis tu chantais avec Raymond?

AGATHE

C'est ça.

LINDA

Qué cé qu'tu chantais?

AGATHE

Prévert.

LINDA

Quoi?

AGATHE

Laisse faire.

> *Linda s'allume une cigarette et regarde Agathe qui va derrière le rideau regarder des vieilles photos sur le mur.*

LINDA

Laisse faire les photos pis viens-t'en icitte! Cé qu'tu y veux, à Raymond?

AGATHE

Ça ben l'air de t'énarver, ça.

LINDA

Je l'sais pas si tu l'sais, mais c'est moi qui est avec Raymond asteure.

AGATHE

Comme ça, y a lâché Suzy?

LINDA

Suzy a l'avait d'aut' chose à faire...

AGATHE

Pis pas toi?

LINDA

J'vas aller en haut. Tu peux attendre icitte si tu veux. Y arrivera pas d'bonne heure, j'aime autant t'avartir.

Elle vient pour partir et s'arrête, regarde Agathe en souriant.

LINDA

Tu peux même te chanter une p'tite chanson si ça t'tente.

Elle monte. Agathe traîne le banc de piano devant la chaufferette et boit sa bière tranquillement en fredonnant l'air de Prévert-Kosma. Puis, après une dernière gorgée, elle se met en tête de nettoyer le bar. Elle ôte son manteau et commence à ramasser et nettoyer. Elle s'active, frotte, descend toutes les bouteilles, les essuie une par une. On entend du fond de la salle:

SUZY

Linda?

Agathe s'arrête, surprise. Elle regarde venir la personne qui entre, contente.

AGATHE

Suzy!

SUZY

Agathe? Ah! ben maudit!

AGATHE

Suzy Boivin! Que chus contente de t'voir!

> *Elles se jettent dans les bras l'une de l'autre, ravies. Suzy porte un manteau chic, bien coupé, un chapeau de fourrure, des gants fins: une grande dame.*

AGATHE

Mais t'es ben chic! Qué cé qu'tu fais ici?

SUZY

Pis toi? Cé qu'tu fais là? Si j'pensais t'voir ici! T'es-tu revenue de Montréal?

AGATHE

Attends, attends, on n'a trop à se dire en même temps! Veux-tu un verre? Mais t'es ben chic!

SUZY

Ah! ben, j'en ai long à t'conter ma fille!

> *Agathe est derrière le bar. Elle prend une bouteille de scotch.*

AGATHE

Scotch? Pas d'eau, comme tu l'aimes?

> *Suzy regarde sa montre, hésite.*

SUZY

Onze heures et demie... y est pas mal de bonne heure pour se mettre sus l'shaker.

AGATHE

Avant, c't'heure-là, c'tait ton night cap.

SUZY

Es-tu folle, toi? Ça fait longtemps qu'j'ai arrêté ça.

AGATHE

Attends, y doit ben y avoir de quoi fêter ça...

> *Elle fouille dans le frigidaire du bar. Elle sort une bouteille de Codorniu.*

SUZY

(Sourit.) Envoye don!

> *Agathe les sert. Elles trinquent: «À nos retrouvailles!»*

AGATHE

Suzy Boivin... j'en reviens pas comme t'as changé.

SUZY

D'abord, j'm'appelle pus d'même: j'ai repris mon vrai nom pis celui d'mon mari évidemment. J'm'appelle Solange Rinfrette... ben, Boivin-Rinfrette si t'aimes mieux.

AGATHE

Chus pas sûre d'aimer mieux... j'aimais ça, moi, Suzy Boivin.

SUZY

Aye, ça fait longtemps... dix ans! Y s'en est passé des affaires. J'me sus mariée...

AGATHE

Pas avec Jean?

SUZY

Es-tu folle, toi! Y avait pas une cenne!

AGATHE

Tu l'aimais en maudit, pourtant.

SUZY

Ben oui mais l'amour t'sais... tu vas pas loin avec ça. J'avais envie d'partir avec au moins un char à moi. C'pas Jean Casgrain qui m'aurait fourni ça.

AGATHE

Ben c'est qui ton mari?

SUZY

Georges Rinfrette. De Rinfrette, Gauthier et Caron. Le fils de Sam Rinfrette.

AGATHE

L'avocat?

SUZY

Oui, madame. Ben, y est mort asteure, mais Georges est avocat pis y a pris la place à son père dans l'affaire.

AGATHE

Un avocat... ouain, tu t'es placé les pieds.

SUZY

Cé qu'tu penses? J'ai pédalé, ma p'tite fille. Quand j'pense que j'ai failli marier un gérant d'épicerie.

AGATHE

T'étais en amour?

SUZY

Jamais d'la vie! J'pensais que c'tait c'que j'pouvais pogner d'mieux. Deux semaines après avoir dit oui à mon gérant, j'apprends que l'flan mou qui vient toué soirs au bar s'appelle Rinfrette pis qu'y est en train d'couler ses examens de droit pis faire le désespoir de son père en même temps.

AGATHE

Tu l'as ré-enligné?

SUZY

Tu parles! Si y a passé ses examens, c't'à cause de moi. Je l'ai pas lâché. C'gars-là avait l'droit de m'toucher jusse si y savait ses leçons par cœur comme on dit.

AGATHE

Y a passé ses examens?

SUZY

Pis l'Barreau, pis toute. J'te dis qu'la méthode est efficace.

AGATHE

Comme ça, t'as lâché Raymond pis t'as marié un avocat! T'es rendue dans la haute société.

SUZY

Ça pas été facile. El bonhomme voulait rien savoir de moi. Y était pas question de Georges dans l'bureau si y mariait une fille comme moi. Georges, lui, l'innocent, y voulait aller ailleurs se faire une aut' vie. Mais j'voulais pas. J'voulais rentrer dans famille Rinfrette de Valleyfield. J'voulais pas m'en aller une place qu'on serait pas connu pis qu'Georges ferait p'tête même pas d'argent. Y l'a passé jusse pas mal, son Barreau.

AGATHE

J'avais oublié comment qu't'étais wise! Cé qu't'as faite?

SUZY

Tu devineras jamais: le coup classique, ma p'tite fille: chus allée voir Sam Rinfrette, habillée du mieux que j'pouvais, pis c'tait pas les chars, pis j'y ai expliqué que son fils avocat, c'tait à moi qu'y l'devait.

AGATHE

Ça a-tu marché?

SUZY

Penses-tu! Y m'a envoyée chier ben raide! Y m'a même conté mon histoire familiale d'un bout à l'autre: y avait faite son enquête, le vieux maudit. Y savait même que ma mère avait r'viré folle pendant deux ans après son huitième. Pas besoin d'te dire qu'y trouvait l'gérant d'épicerie ben correque pour moi.

AGATHE

Ben comment t'as faite?

SUZY

J'ai pas lâché. J'ai pompé Georges. J'me sus faite inviter à Noël au Réveillon, j'ai arrêté d'travailler ici, j'ai emprunté d'l'argent pour m'habiller, j'ai dit à tout l'monde comment c'qu'on s'aimait, Georges pis moi, pis comment c'tait injuste des histoires de famille. Pis pour finir, chus tombée enceinte. C'est vieux comme le monde, mais ça a marché. Georges était rentré dans l'affaire, tout l'monde savait qu'y était l'père, qu'y voulait s'marier mais que son père voulait l'mettre dehors si y l'faisait. Cé qu'tu penses? C'est petit Valleyfield... Pis comme ma vie d'bar était finie depuis presque un an, y pouvait rien dire. Tout l'monde prenait pour Georges pis moi. On s'est marié. Pas la grosse noce, mais pas pire pareil. Madame Rinfrette a faite une dépression à cause de ça. Y paraît qu'a l'avait honte, c't'épouvantable. A m'a jamais dit un mot à part bonjour, s.v.p. pis merci, le crois-tu?

AGATHE

Ça doit pas être drôle...

SUZY

J'm'en sacrais ben. J'ai eu c'que j'voulais pis c'tait parfait. Je l'ai regardée faire madame Rinfrette, pis j'me sus mis à l'imiter: ses petites manières, sa bouche pincée pis toute. Georges m'a même reproché d'y ressembler. J'te dis qu'j'ai appris, moi, en sept ans.

AGATHE

As-tu beaucoup d'enfants?

SUZY

Non, non, jusse un, c't'en masse. Un garçon. Y ressemble à son père, ma p'tite fille, c't'épouvantable. Flan mou...

AGATHE

Pis Georges, lui?

SUZY

Ben Georges... y est un peu niaiseux, t'sais. C'pas une lumière. Des fois j'te dis qu'y m'inquiète.

AGATHE

Ah oui?

SUZY

Si j'tais pas là, j'pense qu'y serait déjà en faillite. Y a pas l'tour avec les clients. Ça l'intéresse pas pantoute.

AGATHE

C'est toi qui aurais dû faire le cours.

SUZY

Tu parles! Ça rentrerait, l'cash! Mais on n'est pas dans misère. Si tu m'voyais la maison, Agathe.

AGATHE

Comme ça, t'es t'heureuse?

Un temps. Une gorgée.

SUZY

Pis toi? Cé qu'tu fais ici? Parle-moi d'toi un peu. T'es-tu revenue pour de bon?

AGATHE

Jamais d'la vie! Chus venue faire un tour, voir mes vieux souvenirs, la place...

SUZY

Ça a changé, han?

AGATHE

Pas mal, oui. Raymond a pas l'air d'être là ben souvent...

SUZY

Ah! ben Raymond...

AGATHE

Quoi Raymond?

SUZY

Tu l'connais aussi ben qu'moi: alco pis mou comme d'la guenille. Y a rien à faire avec lui. Ça s'arrange pas en vieillissant... J'ai entendu dire qu'y s'droguait, en plusse. Toute c'qui l'intéresse, c'est le scotch pis son piano vers trois heures du matin. Ça, c'est des ouïes-dires parce que tu penses ben que j'viens pus ici.

AGATHE

Ben oui, qu'est-ce tu fais ici à matin?

SUZY

Ah! ben... j'passais... En fait, heu... j'voulais voir Linda, la p'tite qui s'occupe du bar. A m'avait appelée cette nuit...

AGATHE

Est-tu avec Raymond, elle?

SUZY

Ouain...

AGATHE

Franchement, y doit avoir l'air d'être son père.

SUZY

Ben tu connais Raymond, han? Y a toujours été vite sus les p'tites jeunes.

AGATHE

Oui. Si j'me souviens bien, dans mon temps, c'tait toi la p'tite jeune.

SUZY

Oui, pis dans l'mien, c'tait Linda la p'tite jeune.

AGATHE

Y t'a lâchée pour elle?

SUZY

J'y ai pas laissé l'temps. Mon gérant m'occupait déjà quand Linda est venue seiner icitte. A l'avait 14 ans, j'pense. A fait plus vieux qu'son âge, mais a était jeune en bebitte.

AGATHE

Viens pas m'dire qu'Raymond couchait avec une fille de 14 ans!

SUZY

Non... y a attendu qu'a n'aye 15. Mais j'te l'dis, a fait plus vieux. C't'une fille bizarre... a s'tait sauvée de plusieurs foyers, des histoires de même, là... En tu cas, j'peux t'dire qu'y l'a pas eue vierge.

AGATHE

Comment tu sais ça, toi?

SUZY

C'est Linda qui me l'a dit. A n'était pas à son premier.

AGATHE

Quand même, Raymond a dans les cinquante.

SUZY

Y est comme tout l'monde, y vieillit.

AGATHE

J'suppose qu'y est heureux d'même.

SUZY

Heureux? Raymond? Ben voyons don! Y est heureux ben chaud, ben dopé, quand y délire... ces gars-là sont pas heureux. Y ont des breakes, c'est toute. Comment ça fait de temps que tu l'as pas vu?

AGATHE

Depuis qu'chus partie, 15 ans.

SUZY

Ouain, ben tu vas l'trouver changé.

AGATHE

Si y est comme la place...

SUZY

Tu te r'trouves pus, han? Ça a changé aussi, c'est pas mal plus
cheap que c'était. Faut dire que Linda aide pas... a fait cheap
à mon goût, elle... Tu chantes-tu encore? Comment ça a fini
avec Roger?

AGATHE

(*Elle vide le restant du Codorniu.*) Roger?

SUZY

Le gars là, l'impresario avec qui t'es partie. Le grand brun qui
était supposé de t'mette sus a map.

AGATHE

Comme tu vois, chus pas encore sus a map, pis je l'serai jamais.

SUZY

Ça pas marché?

AGATHE

J'ai pris un lift avec c'te gars-là jusqu'à Montréal, pis je l'ai
jamais revu.

SUZY

Pas vrai? Y t'a crissée là?

AGATHE

Y a faite exactement c'qu'y devait faire: y m'a donné un lift.
Y était pas plus impresario que toi pis moi.

SUZY

Y t'avait conté ça?

AGATHE

Ben non, voyons. C'est moi qui a conté ça pour me faire une sortie plus swell.

SUZY

Ben voyons don, toi...

AGATHE

Ça m'coûte pas cher de l'dire asteure : j'ai conté ça à cause que Raymond m'lâchait pour une fille de 20 ans qui chantait plus mal que moi, mais qui avait des plus beaux seins qu'moi.

SUZY

J'chantais pas si mal que ça.

AGATHE

Tu faussais comme ça s'peut pus. T'as jamais su chanter pis les gars applaudissaient plusse tes jambes que tes trémolos. C'pas pour rien qu'tu voulais qu'on s'costume, c'tait pour te montrer. La p'tite, là, Linda, ça l'air qu'a chante pus pantoute, a s'met tout nue, pis ça fait.

SUZY

Ça fait pas tant qu'ça. Ça marche pus pantoute icitte. Comme ça, t'es jamais montée à Montréal pour faire carrière ?

AGATHE

Ah... j'dis pas qu'j'ai pas pris un cours de chant... mais faut être ben chanceuse...

SUZY

Qu'est-ce tu fais ?

AGATHE

Ah, j'm'arrange... j'travaille.

SUZY

Pensais-tu essayer de venir chanter ici?

AGATHE

Ben non, chus venue voir Raymond, c'est toute.

SUZY

Pourquoi?

AGATHE

Pour le voir... parce que j'ai envie d'avoir de ses nouvelles.
Parce que... aussi niaiseux qu'ça peut avoir l'air, c't'un homme
que j'ai aimé. C'pas si fréquent.

SUZY

Tu l'aimais pour vrai, toi, han?

> *On entend les talons hauts de Linda dans les escaliers.*

LINDA

Qui cé qui parle, là? Te parles-tu tu-seule?

> *Elle arrive. Voit Solange.*

LINDA

Tiens! Madame avocat! Le party va être complet. On s'fait-tu
venir une pizza pour fêter ça? On va aller chercher Raymond,
ça va y faire plaisir.

> *Elle part une toune sur le juke-box. Elle tire sa sacoche sur
> le bar — c'est une sorte de tic chez elle — et se prend une
> bouteille de schnapps dans le frigo. Elle sort les petits verres
> à schnapps.*

LINDA

Schnapps, les filles?

SUZY

(Se lève, pas contente.) Non merci.

AGATHE

Envoye don!

LINDA

Bon, la vieille se dégnaise. T'as ben l'air constipé, toi, la madame docteur? *(Elle apporte le verre à Agathe, elle est très high, très saoule ou très droguée, ce qui lui donne un bon élan.)* Bois ça, beauté, ça va t'mette en voix. *(À Suzy.)* T'es venue chercher ton stock de speeds?

SUZY

Mon dieu, Linda, t'es complètement partie!

LINDA

(Elle crie.) Gelée! High peak! Fais pas semblant qu'tu connais pas les mots. Est ben stock up de même, mais a laisse pas sa place sus l'party. Comment s'tu t'appelles, donc? *(À Suzy.)* Comment c'qu'a s'appelle, ta tchum?

SUZY

Tu délires, ma foi!

> *Très mécontente, Suzy va débrancher le juke-box. Le silence s'établit sec.*

AGATHE

Agathe.

LINDA

Ah... gathe, han? Ouain... tu d'vais pogner avec un nom d'même.

SUZY

C'tait pas ton style de show, tu sais... Agathe est une chanteuse.

LINDA

Une chanteuse mon cul! Si c'tait comme toi, ma Suzy, y d'vaient pas n'avoir pour leur argent.

AGATHE

Au début, c'tait plusse genre cabaret.

LINDA

Ouain, ça d'vait être queque chose de voir Agathe pis Raymond dans leu duo fantastique. Tu d'vais ben chanter çartain avec el body qu't'as! *(Elle rit, se trouve très drôle.)* Elle pis moi, on n'a pas d'voix, mais on l'a l'body.

SUZY

J'te d'mande ben pardon, j'ai jamais dansé nue.

LINDA

Pas nue! Mais t'aimais ça en crisse te brasser pis en enlever jusqu'où tu pouvais l'prendre. Asseye pas, Suzy, t'aimais ça en crisse, le strip.

SUZY

T'es complètement folle! Si t'as pas plusse besoin d'moi qu'ça...

> *Elle prend son sac à main. Linda jette à ses pieds un sachet de plastique rempli de pilules. Suzy s'arrête net.*

LINDA

Cé qu'tu vas faire si t'as pas tes pelules, han? Georges va trouver
sa dame pas mal à pic.

> *Agathe fume, l'air distrait de quelqu'un qui n'entend pas.*
> *Suzy, en baptême, fixe Linda.*

SUZY

Cé qu't'asseyes de faire, là, Linda? Tu m'as appelée c'te nuitte,
tu t'en rappelles pas? Y était trois heures du matin pis tu
pleurais. Tu m'as dit de venir ici à matin, que t'avais besoin
d'aide.

LINDA

(Très fâchée.) Va chier! J'ai jamais appelé personne c'te nuitte!

SUZY

Tu devais être saoule en maudit.

LINDA

Pas plus que que d'habitude. Pourquoi t'inventes ça? Tu veux
pas qu'ta chanteuse sache que tu t'aides un peu? Énarve-toi
pas, toutes les vraies madames font ça. Han, Agathe?

AGATHE

J'prendrais un aut' schnapps.

LINDA

Oh!... toi aussi t'es t'une vraie madame, han? Pas d'gêne, ma
Suzy, on est entre nous. Ramasse ton p'tit sac, pis prends-toi
un scotch. J'prendrais un schnapps moi avec.

> *Suzy ramasse les pilules, les met sur le bar.*

SUZY

Tu trouves pas qu't'es t'assez loadée?

LINDA

Non, j'trouve pas. Envoye, donne son schnapps à vieille pis donne-moi-z-en un sus l'même élan.

Elle se prend une chaise dans la salle et s'assoit.

SUZY

Tu pourrais être polie. Agathe est pas habituée à ton genre.

LINDA

Pis moi, j'm'habitue pas au tien! Depuis qu'est mariée, on dirait une maîtresse d'école. Tu sauras que j'm'excuse quand j'en ai envie. Si ça l'écœure, a l'a rien qu'à attendre dehors.

Suzy regarde Agathe l'air de dire qu'elle s'excuse pour Linda. Agathe sourit.

LINDA

Comme ça, t'as ouvert la place avec Raymond?

AGATHE

Ouain.

LINDA

Ça devait être beau en hostie!

SUZY

(Elle donne un schnapps à Agathe.) Y faisaient un bon show.

LINDA

Pis toi, t'es venue mette la marde là-d'dans?

SUZY

Pantoute, j'faisais l'bar, pis Agathe chantait.

LINDA

Comment t'as faite pour avoir ta promotion?

AGATHE

(Avec amertume.) Raymond!

LINDA

Ah oui?

AGATHE

(Elle avale son schnapps d'un coup.) Raymond la trouvait ben sexy, ben vamp. Raymond avait l'goût d'investir dans l'bar, changer le style. Ça a changé. A l'était cute en tit-péché, la Suzy!

LINDA

Pis a s'brassait l'cul comme parsonne!

AGATHE

Ça!

LINDA

M'a t'dire, j'pense que c'est a seule qui aimait vraiment ça. J'ai jamais vu une fille s'donner autant d'mal. A était cochonne en hestie. Ça doit t'manquer, ma Suzy! Tu y fais-tu des shows à ton avocat?

SUZY

T'es complètement paf!

LINDA

Pas tant qu'ça, mon bebé, pas tant qu'ça!

Elle va chercher la bouteille, se verse un verre, va à Agathe, remplit son verre.

LINDA

Comme ça, Raymond a viré sus l'top pour Suzy? C'tait dans l'temps qu'y était encore capable de prendre une décision?

AGATHE

Non, Raymond a jamais pris de décision. Y s'est jusse mis à s'tromper quand c'est moi qui chantais, pis à jouer comme un déchaîné quand c'est elle qui dansait.

SUZY

Ben voyons don!

AGATHE

(Imperturbable.) Suzy avait un truc: a venait y porter un scotch pendant mon numéro, a s'accotait sus l'piano, pis a y faisait d'la cuisse... Raymond avait d'la misère à garder l'rythme.

LINDA

(Elle rit.) Complètement sauté!

AGATHE

Qu'y couche avec, ça m'faisait rien, mais qu'y massacre mes chansons pis qu'y m'fasse passer pour une imbécile, ça m'tannait.

SUZY

T'arrêtais pas d'crier après lui. T'étais jalouse!

AGATHE

Ça m'écœurait d'être obligée d'attendre pour aller m'coucher parce que Raymond occupait not'lit avec toi. T'as jamais voulu qu'y aille chez vous.

SUZY

C'est lui qui était trop cheap pour aller au motel.

LINDA

Pis une fille s'écœure de s'faire mette en arrière du bar!

SUZY

J'ai jamais faite ça.

LINDA

Crisse... je l'connais, Raymond.

SUZY

Peut-être que, toi, t'as connu ça.

AGATHE

Farme don ta gueule, Suzy! T'aurais faite n'importe quoi pour être boss icitte. T'aurais pu m'tuer, ou ben essayer d'convaincre Raymond de l'faire. T'as l'air d'oublier la fois qu'tu m'as donné la clé d'ta chambre, pis qu'tu m'as envoyée coucher là. J'te vois encore à porte de not' chambre avec la chemise de Raymond sus l'dos en train d'me dire de faire de l'air, que c'te nuitte-là pis les autres té passais avec lui. Le lendemain soir, c'est *toi* qui m'as dit que Raymond était pas en forme, pis qu'y était pas question d'chanter.

SUZY

C'est Raymond qui m'avait demandé d'te l'dire.

AGATHE

Es-tu folle, toi? Raymond avait peur de toi pis y avait honte devant moi. Y était gêné d'avoir faite ça.

SUZY

Mais trop niaiseux pour te l'dire.

AGATHE

Crache pas là-dessus : t'en as profité en masse de sa niaiserie.

SUZY

Cé qu'tu veux dire ?

AGATHE

C'que j'dis : t'en as profité en masse.

SUZY

Si tu penses que Raymond était un champion avec moi, tu t'trompes. Y baisait p'tête trois fois par nuitte, mais c'tait just too bad pour la fille.

AGATHE

Tu couchais pas avec pour avoir du fun! Le fun, c'était avec les autres.

SUZY

T'es malade, toi! Raymond, y était déjà alco quand j'ai commencé avec.

AGATHE

Oh pardon : c't'avec toi qui est tombé là-d'dans.

LINDA

Pis dans l'reste.

SUZY

Tu sais même pas d'quoi tu parles : t'étais partie.

LINDA

Mettons qu'y avait des tendances pour toute.

AGATHE

Vous l'avez pas connu, vous autres. Vous l'avez jusse vu pour en profiter, pour essayer de l'saigner, d'avoir son bar. Moi, j'l'ai connu quand y composait d'la musique. Y était fou de t'ça. On passait des nuits à répéter sus un piano désaccordé. Y avait sa musique, pis y avait moi.

LINDA

Pis toute aurait été parfait si y avait pas eu le scotch.

SUZY

Pis si t'avais été capable de l'satisfaire. Y avait beau avoir sa musique, y avait besoin d'aut' chose. Pis quand chus passée, j'ai pas eu besoin d'y tordre le bras.

AGATHE

T'es passée jusse dans l'bon temps, han Suzy? Jusse quand le bar marchait au boutte.

SUZY

J'te ferai r'marquer qu'ça a marché encore mieux avec moi.

AGATHE

T'avais besoin d'argent pour organiser ta vie.

SUZY

J'ai rien volé icitte! J'ai faite marcher a place, j'me sus payée.

LINDA

Pis ben payée! A y a pas faite de cadeau.

AGATHE

Ça, j'en doute pas. Quand t'es partie, Raymond devait pus n'avoir épais sus l'dos.

SUZY

Tu t'trompes en crisse. Si Raymond a encore un bar aujourd'hui, c't'à moi qu'y l'doit. Y aurait pu être saisi au moins trois fois.

LINDA

Ouain, a l'a des influences, la p'tite pitoune.

SUZY

Crache pas trop d'sus parce que tu vas trouver ça dur t'à l'heure.

LINDA

On l'sait qu'tu nous tiens serrés. Savais-tu ça qu'la bâtisse est à elle?

AGATHE

Han?

LINDA

A s'est faite donner ça l'jour où a y a faite une pipe meilleure qu'une autre.

AGATHE

Tu t'es faite *donner* le bar? Y te l'a *donné*?

LINDA

Oui, pis c'est légal, tu peux être sûre. Les papiers sont tchequés. La madame avocat a vu à son affaire.

AGATHE

Es-tu folle, toi? Tu y as volé? Tu y as volé l'bar?

SUZY

J'ai rien volé! Y me l'a donné. Y me l'devait.

AGATHE

Comment ça, y te l'devait? Raymond devait rien à parsonne. Y était chez eux icitte. C'tait sa place, son rêve. On l'a monté ensemble c'te bar-là. T'en avais pas besoin! Pourquoi t'as faite ça?

SUZY

Y me l'devait, c'est toute. Une dette, c't'une dette.

AGATHE

Qué cé ça, y te l'devait? Y marchait c'te bar-là, Raymond te l'a pas donné pour payer d'quoi, certain! Y peut pas t'avoir donné ça. Ça s'peut pas!

SUZY

Ça s'peut certain. J'les ai les papiers. Reviens-en, Agathe. J'l'ai pas mis dehors. Y paye même pas d'loyer.

LINDA

Est ben bonne pour lui.

AGATHE

Mais pourquoi y a faite ça? Pourquoi y m'a pas écrit qu'y avait besoin d'argent? Comment ça s'fait qu'j'ai pas su ça?

LINDA

N'as-tu d'collé, toi? Aurais-tu pu payer?

AGATHE

Mais payer quoi?

LINDA

Suzy a trouvait qu'y dégénérait pas assez vite: a l'a mis sus l'smac*.

SUZY

Va donc chier!

AGATHE

Sus quoi? C'pas vrai?

LINDA

Ah! est wise, la madame docteur! A l'avait c'qu'on appelle des relations. Des bonnes relations. Dans l'genre hot, han ma Suzy? Au début, Raymond y aimait pas ça. C'tait plusse le genre boîte à chansons son envie, comme tu dis... mais Suzy a marchait: ça roulait son affaire. La place s'est remplie, entends-tu, toute sorte de monde que t'as jamais vu ici, Agathe. Du monde chic, chic, qui vont vite, vite, avec des yeux grands ouverts, pis les poches pleines de cadeaux pour Suzy. Raymond, y capotait, Suzy faisait du cash. Pis quand Raymond a voulu faire d'la marde, pas parce que la place était trop hot, mais parce que Suzy passait trop d'temps à s'faire du fun dans l'P.R., ma Suzy y a organisé un beau p'tit paradis avec du smac. Pis comme a trouvait qu'la chair serait jamais assez fraîche, c'est moé qu'a l'a installée sus l'bord du piano comme tu dis. J'avais quinze ans, presque toutes mes dents pis une crisse d'envie d'lâcher a colle pour du meilleur stock.

AGATHE

T'as pas faite ça? C'pas vrai? Cé qu'ça t'donnait?

---

* Smac: héroïne.

SUZY

Ben non, a délire… tu sais ben qu'j'aurais jamais faite ça.

LINDA

Non çartain! A voulait jusse se marier, pis être une bonne fille. Prendre une pelule ou deux par jour pis qu'Raymond aye pas trop d'peine d'la perdre. Y l'aimait tellement! Y a peur d'elle. Depuis qu'est avec lui qu'y a peur.

AGATHE

C'est-tu vrai qu'y t'a donné l'bar?

SUZY

Y me l'a *remis* en paiement d'une dette, y me l'a pas donné. C'est comme si je l'avais acheté. Fais pas d'histoire avec ça, Agathe. Raymond avait sa vie depuis l'temps.

AGATHE

C'tait quoi, c'te dette-là?

SUZY

Raymond a pas été chanceux. Y s'est essayé sus l'deal, y s'est faite burner.

LINDA

Par qui don? T'en souviens-tu, Suzy?

SUZY

Pas par moi certain!

LINDA

Suzy aurait faite n'importe quoi pour Raymond. A était ben triste que ça y arrive. Mais ce jour-là, a était cassée. Pis pour mal faire, a s'est souvenu de toute le smac qu'a y avait fourni. Pas un chiffre approx, là, non, non : du détail, han, comme si a l'avait calculé ça chaque fois. Tu savais pas ça qu'Suzy c'tait rien qu'une crosseuse? Une hestie d'écœurante?

SUZY

Raymond était ben qu'trop naïf pour s'essayer sus l'trafic.

LINDA

Y était pas wise comme toi, ça c'est vrai.

SUZY

J'tais pas sa mère, j'pouvais pas l'empêcher d'faire c'qu'y voulait.

LINDA

Raymond voulait du smac pis Suzy a n'avait pus ça l'air.

SUZY

Pis Linda, elle, cé qu'a voulait? T'en parles pas, han?

AGATHE

Farme donc ta gueule, Suzy! Farme-toi, tu t'cales. T'es rien qu'une profiteuse, une voleuse, une maudite vache qui tuerait sa mère pour dix piasses. Tu vas y redonner son bar, entends-tu? Tu vas aller m'chercher c'papier-là pis y r'donner son bar. C'est toute c'qu'y a. T'as pas besoin de t'ça, toi, t'as ton mari, ta grosse maison pis ta réputation. Fa que tu vas décrisser, tu vas aller chercher l'papier, pis tu vas y r'donner son bar.

SUZY

Jamais d'la vie! C't'à moi, c'bar-là! Je l'ai gagné. Y aurait rien à faire avec de toute façon, la maison est toute croche.

AGATHE

Raison d'plusse pour y r'donner si ça vaut rien. T'en as pas besoin. Envoye, on fait ça aujourd'hui.

SUZY

Penses-tu qu'tu m'fais peur?

AGATHE

Moi, j'te dois rien, Suzy. J'ai pas peur de m'faire avoir par toi. Tu vas aller m'chercher c'papier-là au plus crisse. Sans ça...

SUZY

(Qui a presque l'air de s'amuser, mais qui s'énerve et bluffe.) Sans ça?

AGATHE

J'vas aller voir ton avocat, ton gérant, les journalistes. J'vas t'organiser un d'ces partys, tu vas t'en souvenir. Tout l'grand Valleyfield: t'auras beau vouloir, tu t'en relèveras pas.

SUZY

C'est du chantage, ça. Tu peux rien prouver.

AGATHE

Te souviens-tu des photos, Suzy?

SUZY

Phtt! Tout l'monde sait ça qu'j'ai déjà travaillé icitte.

AGATHE

Mais pas qu'tu faisais des p'tites photos sexy en haut. Pour ton plaisir en plusse.

SUZY

(Elle rit.) T'es ridicule! Va falloir que tu prennes des cours. T'es pas à la hauteur. T'as aucun moyen de faire pression sur moi: mon mari sait toute ça pis l'pire, c'est qu'ça l'a toujours excité. Y demandera pas l'divorce pour ça.

AGATHE

R'donnes-y l'bar! T'en n'as pas besoin.

SUZY

Lui non plus, y est à veille de crever!

LINDA

Ça... y est pas fort.

> *À bout d'argument, Agathe se jette sur Suzy et la bat sauvagement en criant:*

AGATHE

C't'à lui, ça! R'donnes-y! Maudite vache!

> *Linda se sert un schnapps sans essayer de les séparer. Elle rit comme une folle. Elle rebranche le juke-box et se met à danser pendant que les deux autres se battent. L'éclairage baisse au noir.*

> *L'éclairage revient sur le bar. Linda est seule, au téléphone près de l'escalier. Elle semble plus fatiguée, moins high que tout à l'heure. Agathe arrive par la salle, sans bruit et ne se montre pas tout de suite.*

LINDA

Oui, Jerry... ah!... non, non, pas d'message, m'a rappeler.

> *Elle raccroche.*

LINDA

Mon hestie, toi, si tu m'as faite ça… ça s'joue à deux ces p'tites games-là.

> *Elle va au bar, prend une cigarette, serre son sac en arrière du bar. Elle va s'asseoir, la bouteille de schnapps dans la main, les pieds sur le juke-box. Elle met une toune presque douce et bouge ses jambes doucement. Elle est proche de s'assoupir, sa tête penche. Suzy descend les marches. Elle enlève son manteau, elle porte un tailleur, elle s'est recoiffée, a mis du rouge à lèvres et semble très réveillée.*

SUZY

Agathe est pas revenue?

> *Linda ne dit rien. Elle chante un peu avec la chanteuse.*

SUZY

Est pas r'venue?

LINDA

Rouvre-toé é yeux, ciboire: non, est pas là.

SUZY

Tu vas m'faire le plaisir de nous laisser tu-seule quand a va revenir.

LINDA

Es-tu folle, toi? J'veux pas manquer l'show.

> *Suzy débranche le juke.*

SUZY

J'ai dit: tu montes.

LINDA

(*Elle la regarde fixement, comme hébétée. Puis, elle hoche la tête de gauche à droite, lentement.*) Maudite folle...

SUZY

(*Elle prend sa lime à ongles dans son sac.*) C'est ça. Tu monteras.

Linda va rebrancher le juke. Suzy se lime un ongle en marchant de long en large, un peu nerveuse. Elle regarde sa montre.

SUZY

(*Elle murmure :*) Cé qu'a fait, don?

La toune est finie. Linda se parle à elle-même, sans se retourner vers Suzy. Elle a un gros coup de pompe.

LINDA

Je l'aime c'te toune-là... fait longtemps en hestie qu'je l'aime... Quand qu'j'arrive à c'te feeling-là, j'ai toujours l'impression qu'ça serait une affaire de rien d'mourir... j'aurais rien qu'un tit'coup à donner, une pichnotte... chus tellement fatiquée que l'tit'coup a l'air épouvantable à donner... Y fait noir en hestie ici... on dirait une caverne... Y a rien qu'le juke qui fait un peu d'lumière... Pis la chaufferette, la belle chaufferette à Linda qui coûte si cher à Suzy... (*Elle se laisse glisser par terre, au pied de la chaufferette et lui parle en chuchotant.*) T'en suces, han, d'l'Hydro-Québec? T'es belle... t'es t'une belle chaufferette, Linda a l'dira pas, on va s'coller toué deux pis on l'dira pas... Viens-t'en, ma belle chaude, viens avec maman, on va s'conter ça, on va s'coller...

Elle s'enroule presque sur la chaufferette, très proche, en chien de fusil et elle s'endort là, en petit tas au pied de la chaufferette. Suzy la regarde, l'air méprisant. Elle va chercher sa chaise, prend une King size, un scotch et s'assoit, l'air digne. Elle ouvre son sac, serre sa lime, sort son miroir, se regarde longtemps.

Agathe entre (c'est-à-dire qu'elle se montre puisqu'elle est là depuis le début). Elle porte un sac de papier. Ses cheveux sont défaits et elle porte un bandage à la main et au poignet droit. Elle monte sur la petite scène, ne dit pas un mot, va s'asseoir sur le banc du piano et sort de son sac un café, un sandwich et une grosse bière.

SUZY

Tu peux t'servir dans l'bar, tu sais. Gêne-toi pas.

Rien d'Agathe. Elle ouvre son café avec difficulté, défait son sandwich, en prend une bouchée.

SUZY

Ça fait-tu ben mal? Veux-tu j'débouche ta bière? J'm'excuse, han, j'avais vraiment pas l'intention de t'faire mal.

Agathe n'a pas l'air de l'écouter. Elle ne dit rien, mâche méthodiquement, prend une gorgée de café, regarde ailleurs. Elle fixe Linda endormie par terre, la chaufferette presque dans les bras.

SUZY

A s'est endormie d'même, d'un coup, le croirais-tu? Faut qu'a soye partie en batinse, han? (*Elle prend son manteau et va en couvrir Linda.*) C't'une pauv'fille, a l'a eu une vie écœurante. Est jeune pour en avoir enduré d'même. Moi, c'pour ça que j'la garde: si c'tait pas d'moi, a roulerait dans l'fossé, ça serait

pas long. Elle a aucun contrôle... est en train de s'tuer avec
la dope pis la bouteille. Mais j'peux pas l'enfermer, han? Est
libre. J'peux jusse y fournir une job pis essayer d'la raisonner.
Mais a l'écoute pas. Est dure c'fille-là, ça a pas d'cœur. Tu
peux jamais faire appel à ses sentiments, a n'a pas. Le seul
sentiment qu'a l'a, c'est l'party. Ça, tu peux y faire faire deux
pas en y promettant l'party. Mais asseye pas autrement. Pis a
n'a vu des spécialistes pis des éducateurs : a l'a faite cinq maisons
de redressement pis queque chose comme onze familles d'accueil.
Pis c'tait pas toute des enfers, han? O.K., y en a qui ont eu
la main longue pis la claque un peu vite, mais on a déjà connu
ça, pis on n'est pas comme elle, han? On a gardé queque chose
d'humain. Georges dit toujours qu'avec les criminels pis les
délinquants, le pire, c'est qu'y ont rien d'humain, pis qu'notre
humanité arrive trop tard pour les aider. Je l'ai vu son dossier
à p'tite. Georges me l'a montré parce que j'm'intéressais à elle,
que j'voulais faire queque chose pour elle. À six ans, c'tait
déjà une menteuse pis une voleuse. On pouvait pas s'fier cinq
minutes à c'qu'a racontait. A n'inventait a moitié. Asteure, a
délire parce qu'a boit trop, mais dans c'temps-là, j'sais pas
c'qui pouvait la faire mentir de même. Y a des spécialistes qui
ont faite des rapports, là... c'est sûr qu'y disent ça avec des
mots longs d'même, mais ça a l'air que sa maladie, c'est mentir,
faire pitié pis s'inventer des mondes. Ah! c'est sûr qu'a l'a pas
eu la vie d'château, a l'a eu des mauvais traitements, pis tout
l'monde a pas été patient avec elle : mais est toffe, han, a
répond, a donne des coups, a s'défend : c'est roffe de pas ré-
pliquer... *(Elle rit.)* Comme moi tantôt avec toi. J'm'excuse
vraiment. J'ai beaucoup d'estime pour toi, t'as toujours été
correque avec moi, j'ai rien à te r'procher Agathe, pis tu sais
comme ça m'a faite plaisir de te r'voir. Mais on s'est énervées
pis chus pas sûre que la p'tite provocante y soye pas pour
queque chose. A l'a l'don d'mette la marde, c't'une de ses

maladies, ça. Pourquoi tu penses qu'a l'a faite autant d'foyers?
Parce qu'a s'arrangeait pour mette la guerre partout oùsqu'a
passait. C'est son sport favori ça : traiter l'monde d'épais jusqu'à
temps qu'y fessent. A s'est faite fesser aussi, a l'a couru après.
Si t'avais vu les mots sus l'dossier : agressive, violente, caractérielle,
paranoïaque… j'pense que toute el dictionnaire des adjectifs
était là! Une fille qu'on sort du trou d'même, faut pas s'attendre
qu'a change tellement. Quand tu viens d'un trou, ça paraît
toute ta vie. Moi, j'm'en sus sortie, pis j'ai essayé de l'aider.
Mais moi, c'tait moins pire, j'avais des parents, j'ai été à l'école.
J'tais tête dure, mais pas irrécupérable. C'est ça qui est écrit
sus l'dossier : irrécupérable, criminelle en puissance. Pas gai,
han? J'pense qu'a m'en veut d'avoir même essayé de l'aider.
A prend pas d'aide de personne. A fait confiance à personne.
C'est pour ça qu'a parle de moi d'même. *(Un temps.)* Toi…
J'pense que t'avais raison de dire que j'avais pas été correque
avec toi. C'est vrai que j't'en ai faite manger des plates avec
Raymond. On est tombé en amour vite. Mais c'tait plus fort
que moi, c't'homme-là, y me l'fallait, j'tais folle de lui. J'pouvais
pas tenir compte de toi, j'voyais rien qu'lui. Je l'aimais à ma
manière. Pas comme toi, mais à ma manière. J'pense que c'tait
une sorte de père pour moi. Y fallait qu'y m'aime. Y fallait
qu'y m'choisisse, sans ça, j'pensais qu'j'en mourrais. J'exagérais
ben sûr… mais je l'savais pas. Quand on est jeune, on s'croit
tout l'temps. On est sûr de toute savoir. Asteure, j'réfléchis
plusse. Pis je regrette de pas avoir pu réfléchir un peu plusse
tantôt. Ça m'a fait d'la peine que tu m'accuses pour Raymond.
C'est plus fort que moi, ça m'touche c'que tu penses de moi.
La p'tite, a peut dire c'qu'a veut, ça m'fait rien, j'fais pas
attention, mais toi… c'pas pareil, c't'important pour moi. *(Un
temps. Agathe débouche sa bière.)* J'me sus longtemps d'mandé
c'que t'étais devenue. J'ai jamais osé en parler à Raymond,
parce qu'y supportait pas d'entendre parler de toi : ça l'faisait

pleurer. C'est fou à dire, han, y était toujours un peu paf, pis ça l'faisait chialer. Des fois, les clients y demandaient pour savoir c'que t'étais devenue, pis y jouait la toune, là, la p'tite chanson qu'vous chantiez, pis y braillait. Raymond a toujours eu l'air un peu pitoyable pis ça m'a toujours un peu écœurée. Mais là, quand y jouait c't'air-là, je l'croyais. Y t'a manquée, Agathe. Y a peut-être choisi de rester avec moi parce que j'tais plus jeune, mais y t'a manquée. J'peux t'jurer qu'y en n'a pas aimé une comme y t'a aimée. *(Un temps.)* J'espère que tu m'as pardonné d'être allée avec lui, de te l'avoir ôté. Mais je l'ai jamais volé, ça j'te l'jure, jamais. Pis j'peux t'dire que je l'ai protégé, pis que j'vas l'faire encore. Raymond saura jamais c'qu'y m'coûte.

> *Linda bouge dans son sommeil et murmure, se plaint un peu. Cela fait sursauter Suzy.*

SUZY

Han? Oh! mon dieu, je l'avais oubliée, elle! *(Elle la regarde.)* C't'une leçon dans l'fond, han? A l'a l'air d'un animal de même; j'te dis qu'on est plus proche de t'ça qu'on pense. Ça en prend pas gros pour dégringoler.

> *Linda se met à gémir puis à pousser des petits cris qui deviennent de plus en plus forts. Agathe se lève, va vers elle.*

SUZY

Ah! dérange-toi pas! A fait toujours ça. A dort mal, mais ça la réveille pas. Ça réveille jusse les autres. C'est Linda tout crachée, ça: ses problèmes dérangent rien qu'les autres.

*Agathe s'approche de Linda qui crie toujours, profondément
endormie. Elle enlève le manteau de Solange, le met dans un
coin, retire le sien et en recouvre la petite. Elle s'assoit par
terre et la met sur ses genoux. Elle la berce doucement en la
tapotant avec sa main bandée.*

*Suzy se lève, va chercher son manteau, l'époussette, le met.
Elle regarde Agathe et Linda, sourit.*

SUZY

Tu viens d'la connaître, c'est normal que tu t'imagines que tu
peux l'aider. A donne toujours l'impression qu'on peut être
son sauveur. Mais ça marche jamais. Mais c'est ben sûr qu'une
bonne pâte comme toi s'laisse prendre.

Un temps. Elle hésite, regarde sa montre.

SUZY

J'ai un ou deux coups d'fil à donner. J'vas monter, o.k. ? J'pense
pas qu'Raymond arrive avant une heure ou deux. Si y a d'quoi,
tu m'appelles.

Elle va vers l'escalier. Se retourne.

SUZY

Fais attention à toi : ça y arrive de dégueuler quand a dort.

*Et elle monte. Près de la chaufferette, Agathe berce Linda
qui ne crie plus. L'éclairage baisse un peu. Petite ellipse de
temps.*

*Linda se réveille brusquement. Un sursaut, elle recule, se
détache d'Agathe comme si elle était en train d'abuser d'elle.*

LINDA

Cé qu'tu fais là, crisse?

AGATHE

Rien... tu criais en dormant.

LINDA

Pis? Tu criais ben tantôt, j'me sus pas jetée sus toé.

AGATHE

C'est vrai...

Agathe se relève difficilement. Linda s'étire vers la bouteille.

LINDA

Crisse, est chaude.

Elle se lève et va dans le frigo du bar.

LINDA

Hestie qu'chus poquée. Icitte, c't'un bar oùsque tu trouves toujours deux affaires: du schnapps pis du scotch. Tu peux t'fier sus Linda pis Raymond. Oùsqu'est passée madame la juge?

AGATHE

En haut.

LINDA

Est pas restée dans l'peuple... Vous êtes-vous encore battues? Je n'ai passé un boutte.

AGATHE

Non.

LINDA

(S'allume une cigarette.) S'tu cassé?

AGATHE

Non, ma tendinite s'est réveillée.

Elle ramasse son manteau.

LINDA

Pogne pas é nerfs. J'aime pas ça m'réveiller raide.

AGATHE

J'ai vu ça.

Linda s'assit, met une toune. Agathe remet son manteau, se sert un schnapps, regarde Linda.

AGATHE

Es-tu sus l'smac, toi avec?

LINDA

...

AGATHE

En plein c'que j'pensais: ça me r'garde pas.

LINDA

Madame docteur a-tu faite sa fine?

AGATHE

Pas mal, oui. Pourquoi a vient ici?

LINDA

A l'a ses secrets.

AGATHE

Pis toi avec.

LINDA

C'est ça.

AGATHE

A l'a parlé contre toi.

LINDA

Lâche-moi don!

AGATHE

T'as connais-tu comme faut?

LINDA

Mieux qu'toi.

AGATHE

Tu penses?

LINDA

Moi, a peut pas m'fourrer.

AGATHE

C'est c'que tu penses?

LINDA

J'ai rien à perdre, moi, a peut rien m'voler.

AGATHE

C't'une hostie d'wise.

LINDA

Encore plusse que tu penses.

AGATHE

Mais a gagnera rien c'coup-là. Quand j'pense qu'a l'a essayé d'fourrer Raymond.

LINDA

(Elle rit.) Crisse! Y est assez poche, c'tait facile.

AGATHE

Pourquoi a l'avait besoin du bar? Tu l'sais-tu? Pourquoi ça y prenait l'bar?

LINDA

Est d'même Suzy, faut qu'a soye propriétaire.

AGATHE

A n'a d'collé, a va laisser l'bar à Raymond.

LINDA

Moé, j'te l'dis: sacre ton camp pis occupe-toi pas de t'ça. Est pas mal plus vite que toi.

AGATHE

J'peux pas vraiment m'fier sus toi pour protéger Raymond.

LINDA

Y a besoin d'parsonne. Moi non plus.

AGATHE

Toé, je l'sais pas, mais Raymond a besoin d'moi. Pis j'ai ben faite de v'nir.

LINDA

Si j'tais d'toi, j'prendrais ma sacoche pis j'crisserais mon camp tu-suite. A t'a pas faite trop mal à date. Compte-toi chanceuse pis d'mande pus rien.

AGATHE

T'as-tu peur d'elle?

Rien de Linda.

AGATHE

Tu y dois-tu queque chose? Comme Raymond? Oùsqu'y est Raymond? Cé qu'a t'a faite?

LINDA

Cout don toé, crisse, es-tu dans police?

AGATHE

C'tu vrai qu'a t'a ramassée, qu'a t'fait vivre, qu'a répond d'toi?

LINDA

Suzy a répond tout l'temps...

AGATHE

Bon. O.K. Linda, on va faire un marché: t'as pas l'air de l'aimer plusse qu'y faut, fa que tu vas m'dire pourquoi ça y prend l'bar, pis moi j'te dis un secret.

LINDA

Cé qu'tu veux ça m'crisse, tes secrets?

AGATHE

Ça pourrait t'intéresser.

LINDA

Dis-le, on verra ben.

AGATHE

J'veux savoir c'que Suzy a en arrière d'la tête avant. Tu l'sais-tu, toi?

LINDA

Même si je l'savais, ça m'intéresse pas. Suzy, c't'un trou d'cul déguisé en madame. A l'aime ça d'même, moi, ça m'dérange pas.

AGATHE

A m'a dit qu'a pensait arrêter de t'fournir d'la dope.

LINDA

Ah oui? Big deal!

AGATHE

A m'a dit qu'a l'aurait pus besoin d'toi dans pas longtemps.

LINDA

Ça s'peut ben.

AGATHE

Ça t'fait rien? A m'a dit qu'a répondrait pus d'toi, que tu r'tournerais d'où tu viens.

LINDA

(Elle rit.) Oùsse tu penses que chus? Tu commences à y r'sembler en hostie. Qué cé qu'tu vas faire? Tu vas m'protéger? Tu vas m'désintoxiquer? Tu vas me r'mettre sus l'droit chemin? Chus trop jeune pour gaspiller ma vie d'même pis, partie comme chus là, j'pognerai pas les trente ans? C'est-tu ça qu'tu vas m'dire? Laisse faire, chus fatiquée pis tu m'écœures.

LINDA

Ouain... t'es faite à l'os. Tu t'crisses d'elle parce que tu t'crisses de toute. C'pas vrai, a m'a pas dit ça. J'voulais savoir pourquoi a voulait tant l'bar pour savoir comment y ôter, c'pour ça j'ai inventé ça.

LINDA

Lâche ça, le bar. A l'a, c'est toute!

AGATHE

Raymond y a vendu? Comment y a faite ça?

LINDA

Si y avait pu, y se serait vendu avec.

AGATHE

Mais y a pas pu y vendre le bar! C'est impossible.

LINDA

Ça t'rentre pas dans tête en tout cas.

AGATHE

Y pouvait pas, Linda, parce que c'tait pas à lui!

Linda part à rire. Elle est ravie, vraiment, elle trouve cela très drôle.

LINDA

Est bonne en hestie! C'tu vrai?

AGATHE

Certain.

LINDA

Comment ça qu'tu sais ça?

AGATHE

J'ai mes secrets, j'te l'ai dit. Asteure, dis-moi pourquoi c'qu'a l'veut tant l'bar, la Suzy.

On doit sentir que Suzy est en haut des marches et en écoute le plus possible.

LINDA

Tu ferais pas fortune dans police, toi. A veut s'couvrir, crisse!

AGATHE

Ah oui...

LINDA

Madame a beaucoup d'activités, toutes sortes: des belles pis des moins chic. Les moins chic, c'est icitte. Les belles, c'est dans la grande ville de trous d'culs d'Valleyfield. *(Elle part à rire.)* Quand j'pense que c'tait pas à lui! Est bonne en hostie!

AGATHE

Ben... c't'à son nom, mais c'est moi qui l'a payé. C'est-tu des histoires de dope, ses affaires pas chic?

Suzy descend.

LINDA

Demande-z-y! C'est-tu des histoires de dope, tes affaires croches, madame dentiste? Des histoires de dope ou ben des histoires de cul?

SUZY

Qué cé qu't'as à rire, toi? T'es ben énarvée t'à coup?

LINDA

(Elle est vraiment hystérique: elle rit sans arrêt.) Suzy a l'a acheté *son* bar, avec *son* argent pour avoir *ses* histoires avec *ses* esclaves. Suzy est wise, est belle, est riche, a l'a pas d'problème. Pis a l'a un bar!

Elle rit.

SUZY

Farme don ta gueule!

LINDA

La grosse veut savoir c'que tu fais avec un beau bar de même. A veut savoir pourquoi tu n'as besoin, pourquoi tu t'es donné tant d'mal pour l'avoir? Tu pourrais p'tête l'engager pour chanter, han? Avec Raymond? *(Elle rit.)* Hostie, le show! On remplirait! Ça t'tenterait pas? Envoye don! T'es chez vous d'abord!

AGATHE

(À Suzy.) Peux-tu m'dire pourquoi t'as acheté l'bar à Raymond?

SUZY

Mais j'te l'ai dit: parce qu'y avait rien d'autre, pis qu'y m'devait d'l'argent. J'ai rien à faire avec un trou d'même, moi! Tu penses ben qu'j'ai accepté l'bar pour qu'y aye l'impression d'me rembourser. Y est tellement orgueilleux.

LINDA

(Très énervée, pour piquer Suzy.) A l'a rien à faire ici, elle. C'pas une personne comme ça! A l'a rien à voir avec des alco, des drogués pis des craqués. C'pas une femme de même! Y a des ben plus beaux spectacles que ceux qu'on voit ici qu'a peut s'offrir, han? Des fois, a l'haït pas ça, un peu de sordide, mais d'habitude, a peut s'en passer. Qué cé qu'a peut ben faire avec un bar de même not' madame notaire?... Y doit avoir d'l'argent ou ben...

> *Suzy la gifle très fort. Tout s'arrête. Linda la regarde avec de la provocation dans l'œil.*

SUZY

S'cuse-moi, mais tu t'énerves. J'haïs ça quand tu t'mets à être hystérique.

LINDA

Ma crisse, toi! Pour qui tu t'prends?

SUZY

J'me prends pour c'que j'suis. Asteure, monte en haut te r'poser. J'veux dire un mot à Agathe pis après y faut que j'm'en aille.

LINDA

(Elle ramasse sa bouteille.) C'pas moi qui va s'plaindre.

Elle s'assoit face au juke.

SUZY

J'ai dit: monte en haut! T'as des affaires à faire, on te dérangera pas.

Linda monte. Elle se retourne.

LINDA

Chus t'à veille de m'tanner, t'sais. Va falloir tu t'trouves un aut' esclave dans pas grand temps.

Elle monte.

SUZY

A dit tout l'temps ça. Ça l'insulte ben gros quand j'la frappe. As-tu vu comment est hystérique? Une vraie folle!

AGATHE

Est pas plus folle que toi, Suzy, pis tu l'sais ben. C'qui t'énerve, c'est c'qu'a dit, pas sa santé.

SUZY

Tu t'penses fine, là? T'as faite une grosse découverte? Personne va croire c'te fille-là. Jamais. Pourquoi ça m'ferait peur?

AGATHE

Parce que même si on la croit pas, a dit la vérité, pis ça t'écœure.

SUZY

Laisse faire ça.

AGATHE

Oui… comme l'histoire du bar. Penses-tu que j'vas laisser faire ça?

SUZY

Ah écoute, tu t'arrangeras avec Raymond… si tu l'vois.

AGATHE

Comment ça, si je l'vois? Chus venue pour ça!

SUZY

Ça s'ra pas la première fois qu'y va t'faire défaut.

AGATHE

Pas c'te coup-là: c'est lui qui m'a d'mandé de venir.

SUZY

Ah oui? Ça m'étonnerait.

AGATHE

Y m'a écrit, que j'te dis!

SUZY

Ben oui, pis? Y est pas plusse là pour autant.

AGATHE

Tu veux pas qu'y m'parle, han? C'est ça? T'as peur de perdre le bar, han? Tu l'sais, tu l'sais que c'tait pas à lui c'te bar-là?

SUZY

Comment, pas à lui?

LINDA

(*Voix off.*) Suzy! Suzy!

AGATHE

Ça t'en bouche un coin, han? C't'à moi! À moi! J'l'ai payé cenne par cenne, pendant vingt ans... pour lui.

LINDA

(*Toujours off, mais par-dessus la réplique d'Agathe.*) Suzy, crisse! Viens voir, vite! Y est mort! S'tu toi qui l'as sauté*? Y est raide mort! Raymond est mort hostie!

> *Elle part à rire. Elle arrive en haut des marches, les deux autres filles sont immobiles.*

> *Les trois femmes s'immobilisent, comme gelées. On entend sur une bande sonore:*

AGATHE

Jamais j'oublierai les yeux d'Suzy: j'avais l'impression qu'a calculait encore. Je comprenais rien, j'savais même pas qu'y était là, en haut. Ce jour-là, j'ai jamais vu ni approché Raymond Thivierge vivant. Je le jure. J'peux pas l'avoir tué, j'savais même pas qu'y était là. J'vous l'jure.

NOIR.

---

* Sauter: tuer quelqu'un par overdose.

Deuxième partie

SOLANGE

Dans la pénombre, on entend la bande sonore.

EMPLOYÉ

Nom, prénom, âge, état civil?

SUZY

Boivin-Rinfrette, Solange, 36 ans, mariée.

EMPLOYÉ

Mettez votre main sur la Bible: jurez-vous de dire la vérité?

SUZY

J' le jure.

EMPLOYÉ

Faites votre déclaration au coroner.

> *L'éclairage monte sur la scène. Le décor et l'intensité de lumière sont les mêmes qu'au début. Agathe entre par le côté du public. Elle regarde le bar, la petite scène. Elle est seule. Elle écarte le rideau du fond, monte deux marches.*

AGATHE

Raymond! Y a-tu quequ'un? Raymond, c'est moi!

Elle revient vers la scène, ouvre le piano, toujours aussi jonché
de bouteilles.
Elle joue la même mélodie de Prévert-Kosma.
Elle chantonne. On entend du bruit au fond de la salle.

SUZY

Linda? C'est toi, Linda?

Agathe ferme le piano précipitamment. Solange arrive.

SUZY

Agathe! Agathe Martel! J'en r'viens pas! C'est-tu ben toi?

Elle s'approche, serre Agathe dans ses bras.

SUZY

Ben oui! Agathe! Que ça m'fait plaisir!

AGATHE

Ben... tu parles... tu parles, toi! Suzy! J'm'attendais pas
pantoute...

SUZY

Agathe Martel!... Ça fait longtemps...

AGATHE

Mets-en! Tu travailles encore ici?

SUZY

Ben non, voyons! Ça fait longtemps qu'j'ai lâché l'bar.

AGATHE

J't'aurais même pas r'connue tellement t'as changé.

SUZY

Le mariage, ma p'tite fille! Cherche pas, c'est l'mariage. Pis
toi? T'as l'air en pleine forme. Cé qu'tu fais là? T'as-tu lâché
la grand'ville?

AGATHE

Ben non! Chus venue faire un tour, jusse pour aujourd'hui.
J'avais les bleus, j'm'ennuyais d'la place. Qu'est-ce que tu fais
là, toi?

SUZY

Ah! ben... j'viens aider Linda, la fille qui s'occupe du bar.
J'viens surtout l'aider pour Raymond. Y est pas facile, tu sais.
Y a pus d'santé pantoute pis y est pas endurable. C'est ma
bonne œuvre, ça: aider Linda pis Raymond. C'pas parce qu'on
s'est sortie du trou qu'y faut faire semblant qu'on s'en souvient
pas, han?

AGATHE

J'en r'viens pas de t'voir.

SUZY

As-tu vu Linda?

AGATHE

Ben non, c'tait même pas barré pis y avait personne. Ça m'a
ben surpris. J'te dis qu'dans mon temps, c'tait pas d'même...

SUZY

C'est drôle, ça. D'habitude, a part pas d'même... j'espère qu'a
l'a pas encore faite des folies.

AGATHE

Cé qu'a fait? C'tu elle qui est avec Raymond?

SUZY

Ah! ben, tu sais, Raymond... y est pus c'qu'y était quand tu l'as connu. C'pas l'tombeur, han! Pis Linda, est ben jeune pis ben tête folle. A fait c'qu'a peut, mais a l'a pas d'volonté. C'pas donné à tout l'monde, han, la force de caractère?

AGATHE

Quel âge qu'a l'a?

SUZY

22 ans.

AGATHE

Es-tu folle, toi? Raymond sort avec une fille de c't'âge-là? Y a 50 ans passé! C't'une profiteuse çartain! Viens pas m'dire qu'a y trouve de quoi. A y court après l'argent, pis c'est toute! Tu laisses faire ça, toi? Pis tu l'aides?

SUZY

Énerve-toi pas, Agathe! C'est pas c'que tu penses... Au début, c'est sûr que Raymond la trouvait ben cute, ben sexy... tu l'connais, han, y a toujours été porté sus les jeunes.

AGATHE

Ouain... j'm'en souviens çartain. J'pensais qu'ça y était passé, ça. J'pensais qu'après toi, y était redevenu sérieux.

SUZY

Y t'en a faite voir des vertes pis des pas mûres, han? Quand tu m'disais de pas m'fier sus lui, que c'tait rien qu'un coureur, que ça m'donnerait rien d'aller avec, tu savais d'quoi tu parlais, han?

AGATHE

Si je l'savais!... J'en ai enduré avec Raymond plusse qu'avec toutes les autres, pis pourtant, c'est pas rien. J'sais ben que, dans l'temps, j'avais l'air de t'dire ça parce que j'tais jalouse. Mais t'étais pas la première, Suzy.

SUZY

(*Elle rit.*) Pis j'ai pas été la dernière, j'te l'jure! Chus contente de t'voir, Agathe... ça fait ben... mon dieu, ça fait pas moins que 15 ans que j't'ai pas vue!

AGATHE

J'ai changé, han? J'ai engraissé, j'ai vicilli...

SUZY

On fait toute ça, cé qu'tu penses? Envoye, on s'paye un verre pour fêter ça! Y est d'bonne heure, mais quand ça fait 15 ans qu'on n'a pas vu une vieille amie...

> *Suzy va derrière le bar, ouvre le frigo.*

SUZY

Du Codorniu, ça t'tenterait-tu?

AGATHE

N'importe quoi!

SUZY

Si y avait du champagne, j'en ouvrirais ben, mais c'pas souvent demandé par le genre de clientèle.

AGATHE

Ça changé icitte avec, han?

SUZY

Ah! ça a baissé, ça baissé beaucoup. Ça marche pas fort. Tiens, Agathe, à ta santé, à nos r'trouvailles!

AGATHE

À ta santé!… Tu vois, c'est Raymond tout craché d'avoir laissé tomber une place de même. Dans mon temps, pour dire ça comme c'est, ça marchait en maudit. J'me souviens que certains soirs, on avait trois rappels.

SUZY

Avec la voix qu't'avais…

AGATHE

Je l'ai perdue, ça avec. Moi, Suzy, j'ai toute perdu : ma beauté, mon homme, ma voix, ma place…

SUZY

Ben voyons… dis pas ça, Agathe!

AGATHE

Penses-tu que je l'vois pas qu'tu trouves que j'ai changé? Penses-tu qu'je l'sais pas c'que tu penses? Pourquoi tu penses que chus jamais revenue dans l'coin? Parce que j'aimais trop ça être concierge dans une maison d'chambres sus a rue Ontario? Parce que j'aimais trop ça crever d'chaleur l'été, pis m'assire sus ma chaise de cuisine sus l'trottoir en prenant une grosse bière pis en contant mes souvenirs de chanteuse aux vieux débris qui s'arrêtaient? J'ai essayé pourtant… j'ai essayé d'chanter à Montréal… Mais y a rien qui marchait. C'tait pus à mode les chansons d'Prévert, ou ben j'tais moins bonne que j'pensais, je l'sais pas, je l'sais pus. J'ai tellement inventé d'histoires pour déguiser ça, j'ai tellement conté qu'une laryngite aiguë ou ben un cancer d'la gorge, des polypes, n'importe quoi m'avait cassé ma carrière d'un coup sec, que j'ai fini par le croire. Sus a rue

Ontario, dans mon coin, y a personne qui sait pas que chus une grande chanteuse qui a perdu sa voix. C'est ridicule. J'ai jamais perdu ma voix, j'ai perdu ma job, pis c'est toute. Mais j'vas te l'dire, Suzy, c'est l'genre de chose qu'on pardonne mal à un homme. C'est p'tête ça qu'j'ai dans gorge qui m'empêche de chanter.

SUZY

Tu chantes pus? Jamais? Pour toi, là, pour ton plaisir.

AGATHE

Es-tu folle, toi? Quand j'chante, j'braille. J'me fais brailler comme la vieille idiote que chus. J'ai rien qu'à commencer une chanson pour me mettre à brailler. C'est pratique, han? J'ai pus d'voix, pis j'ai pus envie. J'ai assez faite rire de moi dans ma vie. Asteure, j'me farme la gueule.

SUZY

T'aurais dû r'venir à Valleyfield. T'aurais jamais dû rester à Montréal si t'étais pas heureuse.

AGATHE

R'venir pour quoi? Pour savoir que j'avais pus d'place ici? Que Raymond voulait rien savoir de moi? Que tout l'monde riait d'moi en s'disant qu'j'avais eu c'que j'méritais? Non... j'aimais ben mieux rester dans mon sous-sol d'la rue Ontario, à conter des histoires pas vraies qui m'faisaient du bien. À m'faire accroire qu'avoir eu un peu d'chance, je l'aurais faite, ma carrière.

SUZY

Tu penses que Raymond t'aurais pas pardonné? Tu penses qu'y t'aurais pas r'pris? J'pesais pas lourd, moi, dans c'temps-là. Y avoir demandé, tu l'aurais eu, ta place.

AGATHE

Raymond m'a jamais pardonné d'être partie avec Roger. Écoute, y m'faisait une scène si j'souriais un peu trop à un client. Tu sais comment y était jaloux? Lui pouvait s'permettre n'importe quoi, coucher à droite pis à gauche, mais moi, j'tais sa propriété. C'tait pas pareil, j'avais pas l'droit d'voir que les aut-z-hommes existaient. Les hommes jaloux d'même, y ont toujours des théories pour expliquer qu'eux autres peuvent te tromper, mais que toi, si ça t'arrive, t'es t'une criminelle, une sans-cœur, une moins que rien.

SUZY

Ça, y était jaloux Raymond!

AGATHE

Y doit l'être encore! Y doit être pire asteure qu'y est vieux pis qu'y est avec une p'tite jeune.

SUZY

Y gueule en masse.

AGATHE

Tant qu'c'est rien qu'ça. Y m'a fessée, moi, pis plus souvent qu'à mon tour. Mais j'ai fessé moi avec, j'me sus pas laissé faire. Mais j'en ai mangé avec lui. J'en ai mangé des maudites... Roger, on peut dire ben des affaires contre lui, mais c'gars-là m'a jamais fessée. Y m'a conté des histoires, y m'a menti à tour de bras, c't'O.K., mais y m'a jamais fessée. Y m'a respectée.

SUZY

Cé qui est arrivé avec lui?

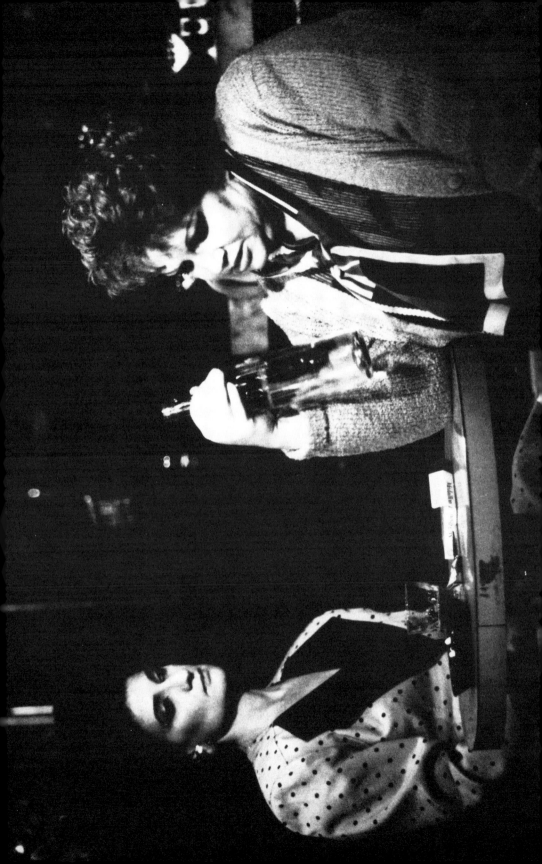

AGATHE

Y m'a sacrée là au bout d'deux mois. L'temps de «m'emprunter» toute mon argent. Y est parti un matin, j'l'ai pus jamais r'vu. Le loyer pas payé, j'ai-tu besoin d'te l'dire... Y m'restait rien, rien pantoute. Pis après la scène que j'avais eue avec Raymond, y était pas question de r'mettre les pieds à Valleyfield. À part de t'ça, j'avais mon orgueil dans l'temps, j'voulais pas qu'personne sache que j'm'étais faite fourrer. J'pensais encore à ma carrière dans c'temps-là.

SUZY

Tu sais, Raymond, y a toujours continué à parler d'toi. Au début, y était en hostie, c'est vrai. Mais après... chus pas sûre que t'aurais pas dû r'venir.

AGATHE

Y était avec toi, pis je l'savais. J'avais pas envie de r'venir me faire battre à chaque fois qu'y couchait avec une p'tite jeune. J'aimais mieux être tu-seule dans ma marde... au moins d'même, j'demandais rien à parsonne.

SUZY

Mais y en a eu d'autres? T'es pas restée tu-seule quinze ans?

AGATHE

Certain qu'chus restée tu-seule! Pas 15, mais 10 ans certain. Y ont toutes faite la même affaire: y ont couché avec moi, y ont essayé de m'saigner à l'os, pis y sont partis en gueulant parce que j'avais pas d'argent à leu donner. Toutes! Y sont toutes pareils! Une gang de morpions qui t'suceraient jusqu'au sang si té laissais faire. Toutes comme Raymond: des belles gueules qui t'font des belles accroires, qui ont des mains pour te pelotter pis t'vider é poches. C'est toute. En tu cas, c'est toute c'que j'ai rencontré, moi. Mais j'les ai pas laissés faire: j'avais eu ma leçon avec Raymond pis Roger. J'leu-z-ai dit d'décrisser, pis vite. Mais quand j'ai arrêté d'vouloir faire carrière, j'en ai pus vu un. Envolées, les belles gueules. Disparues. Y a personne qui est venu m'chercher dans mon sous-sol d'la rue Ontario. *(Elle rit.)*

SUZY

Comment d'temps t'es restée avec Raymond?

AGATHE

Dix ans certain! Mais y est pas mieux qu'les autres. Y a essayé d'm'avoir, lui avec. Pis toi, t'es restée combien d'temps?

SUZY

Ben, ici, chus restée pas loin de dix ans moi avec. Mais avec lui, ça a duré cinq-six ans, pas plusse. Pis y m'trompait en masse. Mais ça m'faisait rien.

AGATHE

Tu l'aimais pas?

SUZY

Pas vraiment, non. Au début, oui, y m'faisait pitié, t'sais. Mais pas après.

AGATHE

Pis tu joues encore à mère avec? Tu viens encore le voir?

SUZY

Ah ben... y est arrivé queque chose... une sorte d'accident...

AGATHE

À qui? À Raymond?

SUZY

Oui... tu sais, Raymond s'est mis à boire de plus en plus dans
mon temps, pis après, quand j'ai été partie, quand j'me sus
mariée, c'est Linda, là, la p'tite jeune qui s'est mis avec lui.
J'pense qu'a s'droguait. En tu cas, j'sais pas trop comment,
mais y a fini par se mettre là-dessus. Pis, y a deux mois, y a
eu un accident : y a paralysé.

AGATHE

Pas vrai? Raymond? Paralysé?

SUZY

Oui, ma fille, j'te dis qu'c'tait pas beau à voir. C'pour ça que
j'viens ici encore pour le soigner, l'aider, pis soulager Linda
qui est obligée de s'occuper d' toute tu-seule.

AGATHE

Y doit être en beau maudit, y doit gueuler!

SUZY

Ça... j'te dis qu'y faut avoir les oreilles solides.

AGATHE

Oùsqu'y est?

SUZY

Ici. En haut! Y doit dormir, sans ça, tu l'aurais entendu.

AGATHE

Pas sérieuse, toi?

SUZY

Tu voulais l'voir? T'es v'nue pour ça? Prépare-toi à faire un
saut : y a changé.

AGATHE

Ouain... j'sais pas si ça m'tente, moi là.

SUZY

Attends-moi. J'vas aller voir si y est correque, pis j'vas v'nir te chercher.

AGATHE

Y es-tu ben magané?

SUZY

Pas mal. En tu cas, y peut pus marcher.

AGATHE

Y a fini d'courir après les p'tites filles.

SUZY

Ouain. Mais y a pas fini d'boire pour autant.

AGATHE

Ça doit te tanner d'jouer à mère de même?

SUZY

Oh! moi… chus mariée avec un homme compréhensif, j'ai une maison, un fils, j'ai été gâtée au bout du compte, c'est normal que j'donne un peu d'mon temps.

AGATHE

En tu cas, t'es ben habillée, t'es chic en maudit!

SUZY

Oui han? C'est ma manie. Chus pas capable de me r'tenir d'acheter du linge. Attends-moi, je r'viens.

Elle monte. Agathe allume une cigarette, finit le Codorniu. Solange redescend.

SUZY

Viens. Y dort… Au moins, tu vas pouvoir le r'garder pis t'y faire un peu avant qu'y s'réveille.

AGATHE

Ouain? Es-tu sûre que c't'une bonne idée?

SUZY

(*Elle rit.*) Envoye! T'es v'nue pour le voir, viens le voir!

> *Elles montent toutes les deux.*

> *Dès qu'elles sont sorties, Linda arrive par l'entrée, côté public. Habillée comme dans la première partie, elle est plus saoule, plus partie. Elle tire sa sacoche sur le bar, regarde la bouteille de Codorniu, siffle.*

LINDA

Qui cé qui est sus l'party d'même?

> *Elle va au juke-box, a un frisson.*

LINDA

Crisse, qu'y fait frette ici!

> *Elle va chercher la chaufferette derrière le bar, la branche près du juke, branche ensuite le juke (même effet avec les néons), met une toune démente et va vers le bar en criant.*

LINDA

Ça s'ra pas long, Raymond! M'en viens!

Elle ouvre sa sacoche, en sort un petit sac de pilules et essaye de l'ouvrir. Solange est dans les escaliers. Linda se choisit une belle pilule, referme le sac précautionneusement, va derrière le bar après avoir vérifié que la bouteille de mousseux est bien vide.

SUZY

Tu pourrais pas baisser l'ton? Avoir pitié un peu?

LINDA

Pitié, mon cul! Y a-tu pitié, lui?

Suzy descend, débranche le juke. Agathe apparaît dans l'escalier. Elle reste là.

SUZY

T'es raide saoule, à part de t'ça!

LINDA

(En sortant une bouteille de schnapps.) Oh!... la comtesse est pas d'bonne humeur à matin! Pas habituée au Codorniu, la duchesse, ça y tombe sus a tête!

SUZY

D'où tu sors? Pourquoi tu l'as laissé tu-seul?

LINDA

Pour gagner ma vie, calvaire! Chus pas une duchesse, moi! C'pas les tips des vieux épais qui viennent boire icitte qui m'font vivre. Santé!

Elle prend sa pilule et l'avale avec un coup de schnapps. Solange regarde Agathe l'air découragé.

SUZY

J't'ai déjà dit de pas faire ça : les pilules pis la boisson, ça va pas bien ensemble.

LINDA

Tu peux ben parler, toé! Cé qu'tu connais là-dedans?

Elle la bouscule pour aller au juke.

LINDA

Tasse-toé, on va s'mette de l'ambiance.

SUZY

Non, tu vas l'réveiller!

LINDA

Pis? Y m'réveille ben, lui! Y m'empêche de dormir! Y m'empêche de vivre. Pis toé avec! Arrête de jouer à mère, t'es pas bonne, tu fausses.

SUZY

(La pousse brutalement.) J'ai dit non, c't'assez!

Elle saisit Linda sèchement et l'envoie vers le bar. Linda se trouve à faire face à l'escalier. Elle voit Agathe.

LINDA

Qué cé ça? Cé qu'a fait là, elle? T'as engagé quequ'un? Dis-moi pas qu'tu vas dépenser pour Raymond!

SUZY

Non, non, c't'une amie. C'est Agathe, Agathe Martel. Tu l'as pas connue. A l'a déjà travaillé ici avec Raymond.

LINDA

(Se détourne.) Ça doit faire longtemps en baptême!

AGATHE

(Elle descend.) Pas mal, ouain.

> *Linda se tire une chaise de la salle et s'assit.*

LINDA

T'es venue voir si l'vieux était pas mort? Y toffe, le vieux crisse.

SUZY

Si tu continues d'même, tu vas mourir avant lui. As-tu vu l'heure?

LINDA

Ta gueule, la reine-mère! *(À Agathe.)* A était-tu plate de même dans ton temps?

AGATHE

J'tais tu-seule avec Raymond.

SUZY

C't'une chanteuse. A chantait très bien.

LINDA

Ah oui? Ça prend ça, han? Parce que, dans l'topless, tu d'vais rien casser.

SUZY

Crisse que t'es bête!

LINDA

Ben quoi? A s'est déjà vue, j'suppose?

AGATHE

Ouain, ouain, j'me sus vue en masse. En donnes-tu aux autres ou ben c'est rien qu'pour toi?

LINDA

Enwoye bébé: join the party!

Elle lui tend la bouteille. Agathe boit.

SUZY

Franchement, Agathe! J'savais pas qu't'avais des problèmes d'alcool!

LINDA

On n'a rien qu'un problème, la duchesse, pis c'est toé.

SUZY

J'vous laisserai pas vous saouler à onze heures du matin, certain!

LINDA

Ben non, mère supérieure, laisse-nous pas faire ça! Fais ben attention, on pourrait avoir du fun. *(À Agathe.)* Peux-tu croire que c'te crisse de madame-là s'brassait l'cul d'vant les clients? *(À Suzy.)* T'aimais trop ça, pis ça t'manque, c'pour ça qu't'écœures le monde asteure: t'es jalouse.

AGATHE

A s'brassait l'cul?

LINDA

Certain! C'est elle qui a parti ça, les p'tits spectacles. La première fois qu'chus venue ici, c'est elle qui dansait.

AGATHE

Ouain... j'me souviens qu'a chantait pas trop bien. T'avais d'la misère un peu, han Suzy? Faut dire qu'les bémol pis toi, c'tait deux.

SUZY

J'faisais c'que j'pouvais. La place marchait bien.

LINDA

J'comprends! Suzy a l'sens du cash. Quand a touche à d'quoi, ça r'vire en or.

AGATHE

Touche-moi donc, Suzy, j'aurais ben besoin d'une avance.

LINDA

Si t'es venue pour la taper, tu peux r'partir : a passe pas d'argent, la duchesse.

AGATHE

Chus venue voir Raymond.

LINDA

Ah oui! le *beau* Raymond. Y a-tu assez changé à ton goût?

AGATHE

Y est moins fier qu'y était.

LINDA

T'étais-tu avec, comme la madame pis moi?

AGATHE

Certain! Chus même mieux qu'toi pis elle. Moi, chus sa femme.

LINDA

(Part à rire.) Ah! ben crisse, t'es ben chanceuse!

SUZY

(En même temps que Linda.) Ben voyons, Agathe, invente-z-en pas! Raymond était pas marié avec toi.

AGATHE

Certain! Pourquoi tu penses que je l'ai enduré d'même? Pas pour ses beaux yeux. On étaient mariés.

SUZY

Ça s'peut pas! Y me l'a dit lui-même. Y m'a offert de m'marier j'sais pas combien d'fois.

LINDA

Moé, y m'a rien offert pantoute!

AGATHE

Suzy crisse, ça s'invente pas ça. T'as rien qu'à aller tchequer dans ses papiers. On est marié, pis ça finit là. On s'est jamais séparé légalement. Je l'saurais.

SUZY

Ah! ben, tu m'surprends!

LINDA

Énarve-toi pas, t'es mieux mariée comme t'es là.

SUZY

T'as jamais eu l'goût de d'mander l'divorce?

AGATHE

Pourquoi? Pour me r'marier? Une fois c't'en masse.

SUZY

Tu dis qu'y t'écœurait.

AGATHE

J'ai pas dit ça. J'ai dit qu'y avait exagéré avec moi.

LINDA

Avec tout l'monde. Raymond, c'pas un délicat. Y aime ça quand ça brasse.

AGATHE

Tu l'aimes pas trop, han?

LINDA

Moi, ma p'tite fille, j'aime parsonne, ça finit là. C'pas compliqué, ça?

SUZY

Bon! On va avoir droit aux malheurs de Linda!

LINDA

Prends-toi un scotch pis farme ta gueule, j'parle à madame Raymond.

AGATHE

J'm'appelle Agathe, si ça t'fait rien.

LINDA

A l'aime pas ça s'faire appeler madame Raymond! Tu l'haïs autant qu'moi l'vieux sale. Quel âge t'avais, toi, quand y a commencé à t'pelotter?

AGATHE

Me sus mariée à 17 ans.

LINDA

Calvaire! T'entends-tu ça la duchesse? Dans c'temps-là, c'tait jeune.

Suzy se sert un scotch, allume une cigarette, reste en retrait et écoute.

LINDA

(Sa réplique continue.) Moi, j'en avais 15…

SUZY

Pis c'tait pas l'premier!

LINDA

Non, madame la comtesse, c'était pas l'premier.

AGATHE

Pourquoi tu couchais avec?

LINDA

Même raison qu'tout l'monde : y payait ben.

AGATHE

Ça m'surprendrait en maudit qu'Raymond aye payé pour coucher avec toi. Avec n'importe qui d'ailleurs.

LINDA

Y payait calvaire! Comme les autres! Pourquoi qu'j'y aurais rien chargé?

AGATHE

Parce que t'aimais ça.

LINDA

D'la marde! L'as-tu vu? As-tu déjà couché avec? T'es sa femme, tu dois ben l'savoir. C't'un hostie d'nul, Raymond. Y est nul sus toute : baiser, boire, s'doper. Y payait! Comme les autres!

AGATHE

Viens pas m'dire que tu couchais avec d'aut' quand t'étais avec lui?

LINDA

Y a rien là!

AGATHE

Y disait rien? Y t'fessait pas?

SUZY

C'que Linda dit pas, c'est qu'a partageait ses p'tits profits pis qu'Raymond, y haïssait pas ça pantoute.

AGATHE

Tu y donnais d'l'argent? Ah! ben, t'es pire que moi!

SUZY

Han, y avait sa cote, Raymond?

LINDA

Jamais d'la vie! J'y achetais d'la dope, c'est toute. C'est lui qui avait la meilleure dope en ville, tu l'sais très bien.

SUZY

Je l'sais certain, c'est pour ça qu'chus partie. J'voulais rien avoir à faire avec la dope, moi. Pis l'bar était rempli de drogués.

LINDA

Maudite menteuse! T'es partie parce que t'avais accroché un notaire ou ben un juge, là... un hestie d'écœurant qui gagne sa vie en écœurant l'monde.

AGATHE

Cé qu'y fait, ton mari?

SUZY

Y est avocat.

LINDA

Crisse... un beau tapon qui est chanceux d'avoir son pére. Suzy était pas mieux qu'moi: a s'est vendu l'cul mais a l'a trouvé un meilleur client.

AGATHE

(Elle rit.) C'est toi qui as l'mieux frappé, ma Suzy.

LINDA

A l'a l'nez. A serait juive, ça m'surprendrait pas. A l'a faite
el cash qu'a pouvait avec Raymond pis la drogue, pis houp-e-
lay, quand c'est venu hot, a l'a l'vé é pattes. Pis quand l'aut'
épais est devenu légume, qui c'est qui est resté pogné avec el
cadeau? Linda! Qui c'est qui torche pis qui fait pas une cenne?
Linda!

SUZY

Qui cé qui est saoule à neuf heures du matin? Linda!

LINDA

Toé, la mère supérieure là, j'vas t'pogner les culottes baissées
une bonne fois, pis tu vas avoir l'air de c'que t'es.

AGATHE

Cé qu'a l'est?

LINDA

Une crosseuse pis une vicieuse, c'est ça qu'a l'est. Pourquoi tu
penses qu'a vient encore rôder par icitte?

SUZY

J'viens pour t'aider, innocente!

LINDA

Non, ma beauté. Tu viens licher Raymond pour qu'y t'laisse
toute c'qu'y a d'collé quand y va crever.

SUZY

Est bonne, celle-là! Raymond a jamais rien eu en dehors du
bar. Tu délires, Linda, t'es paranoïaque.

AGATHE

Moi, Linda, quand j'ai connu Suzy, a sortait du pensionnat pis a disait pas maudit sans rougir. Quand Raymond l'a vue, y a faite des free-games comme chaque fois qu'y voyait d'la chair fraîche.

LINDA

A te l'a-tu volé, ton Raymond?

AGATHE

Mon Raymond, si tu veux l'savoir, j'y tenais pas plusse que ça. Raymond passait ses journées à m'taper d'sus quand y m'baisait pas en arrière du bar. Fa que une p'tite distraction, ça m'dérangeait pas trop. Si ça faisait l'affaire de Suzy de jouer aux p'tites fantaisies de Raymond, moi ça m'dérangeait pas. Toute c'que j'demandais, c'est d'en savoir le moins possible.

LINDA

Là-dessus, t'es ben comme elle!

AGATHE

A l'emmenait des amies, pis y s'faisaient des partys à plusieurs. J'pense que Suzy aimait ben ça. Han Suzy? T'haïssais pas ça les partys à Raymond? Moi, ça m'a toujours écœurée. Moi, ma vie, c'tait de chanter. J'tais pas une pelotte professionnelle, moi, j'tais une chanteuse.

LINDA

Pis t'as fini pelotte, comme tout l'monde.

SUZY

(Méprisante.) Non: concierge!

LINDA

Concierge? Oh! crisse... concierge? Pis t'aimes ça?

AGATHE

J't'ai pas d'mandé si t'aimais ça être pelotte?

LINDA

Fais attention la grosse, j'ai l'air paquetée d'même, mais j'me laisse pas écœurer, moi.

AGATHE

Ben écœure pas, pis tu t'feras pas écœurer.

LINDA

(À Suzy.) Cé qu'a veut la concierge? Cé qu'est venue faire icitte?

AGATHE

Chus venue voir Raymond.

LINDA

Tu t'ennuyais d'lui, ton gros cochon sale? Tu voulais voir si y était mieux paralysé pis la face effouerrée?

SUZY

Non, c'est moi qui y a dit d'venir.

AGATHE

Pas vrai. C'est Raymond qui m'a écrit.

LINDA

T'as ben menti, Raymond peut pus écrire. Si y l'a jamais su, là, y peut pus. Y peut même pas s'fixer* tu-seul. C't'un infirme ton mari, la chanteuse, un infirme qui chie dans un sac pis qui est pas capable de dire deux mots d'file.

---

* Se fixer: s'injecter de la drogue.

AGATHE

Y m'a écrit, j'vous dis! Je l'ai la lettre chez nous. Y m'a écrit pour me d'mander de venir l'aider. Qu'y avait peur, qu'y s'sentait en danger.

LINDA

Hestie qu'y est paranoïaque, ça a pus d'boutte!

SUZY

C'est moi qui t'a écrit, Agathe. J'ai faite comme si c'tait lui, mais c'est parce que j'espérais qu'tu viennes. J'pensais qu'ça y ferait du bien de t'voir, que ça le r'monterait un peu. J'avais peur que si la lettre était signée de moi, tu viennes pas.

AGATHE

Pourquoi t'as faite ça? T'es ben malade!

SUZY

J'savais pas si tu m'en voulais d'avoir été avec lui après toi. J'savais pas c'que tu pensais. J'pensais qu'tu l'aimais.

AGATHE

Pourquoi t'as écrit qu'y était en danger?

LINDA

Pour faire plusse heavy: a l'aime ça d'même, Suzy.

SUZY

Pour que tu viennes.

LINDA

Pis asteure qu'est là, on se l'fait-tu l'party? Envoye, la beauté, chante-nous tes chansons, t'es capable.

Elle se lève, ouvre le piano, plaque un accord faux.

LINDA

On va y faire des souvenirs à Raymond. Viens y chanter une belle chanson. Viens l'faire brailler. C'est ça qu'tu voulais, Suzy? Est ben romantique, Suzy... a d'vait vouloir vous réconcilier. A d'vait vouloir te l'coller sus l'dos pour avoir la paix parce qu'y avait pus rien à tirer d'lui. Han Suzy, tu peux pus tellement l'siphonner, Raymond? Y rapporte pas gros de c'temps-là. Ton mari archi-duc, y doit trouver qu'y y coûte cher de dope? Ah oui, on t'avait pas dit ça: ton mari est sus l'smac, la chanteuse. Ça, c't'une mauvaise influence qu'y a eu. Tu l'connais, han? Raymond est tellement influençable. Pis y s'est dit que lui, y pourrait s'contrôler. As-tu déjà entendu ça queque part? Y te l'a-tu déjà faite, le coup du contrôle dans l'temps? Envoye, viens chanter, viens me montrer c'que tu sais faire. Suzy pis moi, on va voir si on t'engage.

AGATHE

(Glacée.) Farme c'te piano-là.

LINDA

Envoye don! T'es ben bonne pour parler, mais tu sais pas faire grand-chose.

AGATHE

J'peux pus chanter. Ferme le piano.

LINDA

A peut pus chanter! Ah ben, maudit! Que c'est don dommage. A peut pus chanter, Suzy! Son tit-oiseau est mort.

SUZY

Laisse-la tranquille, Linda.

LINDA

Pourquoi tu penses que t'es venue icitte, toé? Pour faire plaisir à Raymond? Envoye, chante!

AGATHE

(Elle crie.) J't'ai dit que j'chanterais pas! Chus pas venue icitte pour faire plaisir à parsonne. Chus pas un clown. Chus venue voir si y était à veille de crever.

LINDA

Asseye pas, t'auras rien: moi, j'prends l'cash pis la dope, pis elle a l'a déjà l'bar.

AGATHE

Jamais d'la vie! Chus sa femme, le bar est à moi. Le cash avec.

LINDA

Tu penses-tu qu'on l'entretient pour que tu viennes toute ramasser après?

AGATHE

C't'à moi, c'est toute!

LINDA

Va chier! Y a des papiers qui me donnent toute.

AGATHE

Y a rien, tu disais.

LINDA

Laisse-moi tranquille. Pourquoi tu penses que je l'torche? Pour ses beaux yeux?

AGATHE

Pourquoi tu penses chus venue? Pour ses beaux yeux?

LINDA

Tu vas t'tasser, pis tu vas faire de l'air, o.k. la chanteuse manquée? Fa d'l'air, pis vite!

AGATHE

Aye, t'es chez nous icitte, t'es mon employée. T'es dans *mon* bar.

LINDA

Jamais! J'vas mette el'feu, hostie, mais t'auras jamais ça! J'me sus vendu l'cul pour avoir ça, c'pas toi qui vas ramasser. Sacre ton camp!

AGATHE

C'est toi qui vas sortir.

Elle s'approche de Linda, prête à la mettre à la porte.

LINDA

Touche-moi pas, toi! Tu vas en manger une crisse...

AGATHE

Sors d'icitte!

*Elle la pogne durement par les cheveux,
Linda se débat et l'attaque sauvagement.
Elles se battent furieusement, crient, s'engueulent, grognent.
Suzy éteint sa cigarette et essaie nerveusement de les séparer.*

SUZY

Aye! ça va faire... c't'assez... Linda, lâche-la... Agathe... voyons...

Noir.

Lorsque l'éclairage revient, Agathe est seule à regarder les notes de piano. Elle tient sa main gauche dans sa main droite et a l'air de souffrir. Elle va s'asseoir sur la chaise près de la chaufferette, en tenant toujours sa main. Elle prend une cigarette, s'allume de la main droite et fume pensivement. Elle entoure sa main gauche avec son foulard et attend. Elle a l'air assez amochée. Le public devrait voir Suzy arriver de la salle, mais elle n'est pas vue d'Agathe. Suzy va assister à toute la conversation qui suivra, mais sans être vue. (De la même manière qu'Agathe dans la première partie.)

Linda descend les marches. Elle essaie de faire fonctionner sa mâchoire. Elle aussi est secouée.

LINDA

Ouain… tu l'as l'coup d'poing pour une fille de ton âge.

AGATHE

T'es pas pire non plus…

LINDA

Est-tu cassée?

AGATHE

Pense pas… est enflée…

LINDA

Peux-tu boire pareil?

AGATHE

Ça change rien. Amène-z-en!

LINDA

La comtesse est pas r'venue? Aussi ben en profiter, chus sûre qu'a va rapporter du café pour une armée.

AGATHE

Comment c'qu'y va?

LINDA

Y dort.

AGATHE

Es-tu sûre qu'y est pas mort?

LINDA

Franchement! Je l'tchèque assez pour le savoir. Non, y est pas
mort. Y fait du bruit pis toute. Y a toujours grogné, c'pas
nouveau. Y grognait-tu, toi, dans ton temps?

AGATHE

Toute c'que tu voudras! Name it. Y l'faisait.

LINDA

Pourquoi tu l'as marié si tu l'trouvais si plate?

AGATHE

Pour faire chier quelqu'un d'autre.

LINDA

C'est toute c'que t'as trouvé?

AGATHE

Ouain...

> *Linda s'est assise, les pieds sur le juke-box. Elle boit du*
> *schnapps. Agathe est sur le banc de piano et boit aussi.*

LINDA

T'es-t'une drôle de fille...

AGATHE

Ah oui?

LINDA

Tu fesses pas pire...

AGATHE

On parlera pas de t'ça pendant trois ans, han?

LINDA

Pis tu t'maries pour faire chier quequ'un, pis c'est pas ton mari. Y savait-tu ça, Raymond?

AGATHE

C'pas vrai. Raymond a jamais voulu rien savoir.

LINDA

Ça, c'est vrai.

AGATHE

Y s'crisse des femmes comme du reste.

LINDA

Moi avec j'me crisse de toute. C'est a seule façon.

AGATHE

Peut-être... moi, je l'ai appris tard.

LINDA

Tu l'as pas appris. T'as rappliqué tu-suite quand t'as reçu la lettre.

AGATHE

Cé qu't'en sais? J'ai p'tête attendu un mois.

LINDA

J'mettrais pas un dix là-dessus.

AGATHE

Pourquoi a l'a faite ça?

LINDA

La comtesse? A délire... a s'est mis dans tête qu'la paralysie à Raymond, c'tait pas un accident.

AGATHE

Ah ouain?

LINDA

Ouain... genre overdose mal calculée... genre que quelqu'un l'aurait aidé à faire son calcul... genre que quelqu'un l'aurait sauté...

AGATHE

Genre toi?

LINDA

Genre...

AGATHE

Cé qu'tu dis de t'ça, toi?

LINDA

J'dis qu'y a déboulé en bas des marches comme l'épais qu'y est. J'dis qu'chus pas assez folle pour risquer de me r'trouver en prison pour un gars qui va crever assez vite de toute façon.

AGATHE

De toute façon, t'as pas intérêt à c'qu'y meure.

LINDA

Penses-tu?

AGATHE

C'est moi sa femme… on r'commencera pas là-dessus. On s'est déjà expliqué j'pense…

LINDA

Un gars peut crever pour ben des raisons.

AGATHE

Tu y en veux-tu tant qu'ça?

LINDA

Mettons que chus pas folle de lui.

AGATHE

Suzy… a l'a-tu raison d's'inquiéter?

LINDA

Suzy, a s'conte des histoires parce qu'a trouve la vie de château un peu plate. A l'a beau avoir le câble, c'pas assez rushant pour elle.

AGATHE

Si j'trouvais qu'Raymond fait pitié… ben pitié…

LINDA

(Après un temps.) As-tu envie d'être veuve?

AGATHE

Ça serait réglé… On pourrait toute vendre, sacrer not' camp, se refaire une vie…

LINDA

On?

AGATHE

Moi, j'connais rien là-d'dans, la dope.

LINDA

Va chier! T'as pas l'gutts, pis c'est toute.

AGATHE

J'sais même pas oùsqu'y est l'stock.

LINDA

Demande à Suzy, c'est elle qui contrôle.

AGATHE

Ah oui? Pourquoi?

LINDA

Parce que c'est elle qui paye.

AGATHE

Lâche-moi donc, toi! Jamais vu Suzy rien donner à personne.

LINDA

Cé qui t'dit qu'a l'donne?

AGATHE

Comment y paye?

LINDA

Fais marcher ta tite tête...

AGATHE

Tu l'ferais-tu, toi?

LINDA

Quoi?

AGATHE

L'aider un peu?

LINDA

Non.

AGATHE

Ça t'est jamais passé par la tête? Jamais?

Linda sourit, ne dit rien.

AGATHE

J'gage qu'a l'a raison, Suzy... l'escalier, c'pas fort, fort comme truc.

LINDA

(*Après un temps. Pour elle-même.*) Des fois... quand j'me souviens comment c'qu'y m'a faite chier, je l'fais attendre... j'attends qu'y vienne ben en sueur, qu'y branle de partout, qu'y en peuve pus. Je l'fais attendre en hostie des fois... je l'laisse râler, j'mets l'juke au boutte pis j'attends... j'attends qu'y l'pogne, son cold-turkey.

AGATHE

T'es maniaque!

LINDA

C'pour te dire que j'ai aucune raison d'y régler son cas, comme tu dis. Ça m'intéresse pas... même pour me venger.

AGATHE

Va venir un temps où tes p'tites scéances te feront pus venir.

LINDA

C'est toi qu'ça fait pas venir, pis c'est toute.

AGATHE

Pourquoi tu y en veux tant?

LINDA

Ah!... tu m'énarves... J'y en veux pas... c'trop compliqué.

AGATHE

Moi, j'y en veux. Si y a quequ'un qui m'a faite du mal, c'est ben lui. Peux-tu t'imaginer que j'tais belle comme un cœur? Pis j'venais pas d'un trou là, d'une famille de fous. Non, non... mon père était inspecteur d'école.

LINDA

(Elle s'endort tranquillement.) Ben oui... tu fais ben pitié...

AGATHE

Non... j'faisais pas pitié... mon père était sévère, c'est sûr, mais y avait raison. Moi, j'faisais rien qu'à ma tête. J'avais rien que des mauvais coups dans tête. Mon père y marchait à strappe. Mais y était juste. J'ai une sœur là, Viviane, y l'a jamais fessée. Y fessait pas n'importe quand, pour se faire du bien. Non. Jusse quand y fallait, quand y pouvait pas faire autrement. Pis y pleurait. Pis y allait toujours prier après. Ça y faisait ben d'la peine d'être obligé d'me fesser. Mais ça a servi à rien, j'tais tête croche. J'apprenais rien à l'école, pis j'y faisais honte tout l'temps. La seule affaire que j'savais faire, c'tait chanter. Ça, j'savais chanter. Pis à l'église, j'ai chanté longtemps. Mais l'école, c'tait un cauchemar. J'avais des frissons, j'étouffais tu-suite quand on m'posait une question... je r'doublais tout l'temps. J'ai redoublé toute mon primaire. Chaque année. Pis, j'ai rencontré Raymond. Y était beau, y était plus vieux qu'moi, y faisait d'l'argent, y jouait du piano pis y m'faisait chanter. C'était l'paradis. Sauf que mon père l'a su. Pis qu'y m'a mis à porte en m'traitant d'putain pis en m'disant qu'à partir de c'jour-là, j'tais morte pour lui. C'est c'te soir-là que j'ai couché avec Raymond. Après, y m'a mariée parce que j'pensais que mon père me l'pardonnerait si j'étais mariée.

Pantoute. Y a jamais voulu me r'voir. Jamais. J'y ai envoyé
j'sais pas comment d'lettres. J'l'ai appelé toutes les fois que
j'tais saoule, la première année. Y raccrochait. Pis y a déménagé.
Pis même mes tantes ont déménagé. Pis j'ai été seiner partout
pour avoir son adresse, y avait rien à faire, toute la famille
s'est organisée pour pas qu'je l'sache. Je l'ai pas su. Tant pis
pour moi. Je l'avais ben mérité. Chus restée avec Raymond,
pis y a jamais rien faite pour faire mentir mon père : y m'a
exploitée, y m'a trompée, y m'a fessée, pis y m'a même pas
aimée. Chus partie avec un pire que lui qui a pas mis des gants
blancs pour me dire c'qu'y pensait d'moi. Pis c'était la même
affaire que mon père pensait... J'pense que mon père est mort.
J'rêve tout l'temps qu'y est mort. Y m'appelle, pis y meurt
avant qu'j'arrive. J'veux pleurer, pis y a rien qui sort. Comme
quand j'chante, quand j'asseye de chanter. J'pense que j'ai faite
ben du mal à mon père. Y était sévère, mais y avait l'droit de
l'être parce qu'y était honnête pis religieux. J'ai jamais remis
les pieds dans une église après être partie d'chez mon père.
J'pense que dans l'fond, l'bon dieu pis mon père, c'tait la
même personne. Pis y avait pas d'pardon pour une fille comme
moi... Mais p'tête qu'y est pas mort, han ? Y aurait 67 ans à
l'heure qu'il est. Peut-être qu'y espère que chus devenue quelqu'un de pas pire. Chus sûre qu'y s'en fait pour moi encore.
Y m'a déjà dit que j'tais sa punition. On oublie pas ça, sa
punition. Moi, ma punition, c'est Raymond... Un jour... y
m'a dit qu'mon père avait appelé. Y me l'a dit deux semaines
après l'téléphone. Y avait même pas pris l'numéro pour que
je l'rappelle. Rien... y m'avait appelée, pis j'pouvais pas l'rappeler. Raymond m'a dit que c'tait pas vrai, qu'y avait inventé
ça à cause que j'avais découché, pour me faire regretter de pas
avoir été là. Tu vois comment c'qu'y est ? Y aurait dit n'importe
quoi pour me faire d'la peine. Y a essayé en maudit de m'faire
accroire que c'tait pas vrai. Mais chus sûre qu'y m'avait appelée.

Pis Raymond l'prenait rien qu'pas. Y avait une maudite peur que je l'câlisse là. Que j'm'en aille chez mon père. Y avait raison d'avoir peur : j'aurais donné cher pour y r'tourner. Mais à partir de c'te téléphone-là, à partir du jour où mon père m'a appelée pis que Raymond me l'a pas dit, je l'ai haï. Mon père a jamais rappelé, ben sûr. Qu'est-ce que tu voulais qu'y pense? Que j'tais pas chez nous, que j'faisais une vie d'putain, que j'voulais rien savoir de lui, que j'prenais même pas la peine de l'rappeler. C'est dans c'temps-là qu'j'ai voulu faire carrière, devenir célèbre. J'ai pensé que, célèbre, mon père viendrait m'voir, y apporterait un bouquet d'lys pour moi dans ma loge pour me dire qu'y avait enfin r'trouvé sa fille qui chantait comme un ange à l'église. Toute c'que j'faisais, c'tait pour ce soir-là : le soir où mon père viendrait m'applaudir. C'est niaiseux. J'ai même pas r'marqué que j'faisais encore ma vie d'putain pour finir par être chanteuse. Ça pas marché... Y doit être mort de toute façon... j'ai même pus d'voix... j'ai rien. Y doit être mort.

> *Linda dort depuis un bon bout de temps. Elle se met à gémir, à faire du bruit, à crier dans son sommeil.*

AGATHE

Pleures-tu? Qu'est-ce que t'as? Tu rêves?

> *Suzy s'avance vers le stage. Elle porte un sac brun.*

SUZY

Cé qui s'passe?

AGATHE

A crie.

SUZY

Non, non, a dort. A fait toujours ça. A crie dans son sommeil.
Inquiète-toi pas pour elle. *(Elle regarde la main d'Agathe.)* Ça
fait-tu ben mal?

AGATHE

Est pas enflée vraiment...

SUZY

(Elle sort un bandage du sac.) On va y faire un bandage. Ça
devrait jusse être foulé. Une chance c'est la gauche, tu seras
pas trop mal pris. Veux-tu du café? J'en ai apporté six tasses.
C'est l'temps d'arrêter ça un peu, le schnapps.

> *Elle bande la main d'Agathe qui regarde Linda dormir en
> souriant. Suzy finit le bandage, prend le foulard qui entourait
> la main d'Agathe.*

SUZY

Bon... on peut jeter ça.

AGATHE

Si ça t'fait rien, c'est mon foulard. Y est pas en soie, mais y
fait pareil.

SUZY

Ah! excuse-moi, Agathe... *(Elle le lui remet.)* T'es pas riche,
han?

AGATHE

Non. J'te l'ai dit, y a rien qu'toi qui as frappé l'bon client.

SUZY

Dis pas ça, Georges est plus que ça.

AGATHE

S'tu vrai que tu payes la dope de Raymond?

SUZY

Ben non voyons!

AGATHE

Cé qu'tu penses avoir de même?

SUZY

J'ai besoin de rien, moi. C'que j'fais pour Raymond, c'est par
charité.

AGATHE

Lâche-moi! Tu sais même pas c'que c'est.

SUZY

La seule personne qui serait en droit de se faire rembourser un
jour, pis ça serait pas pour d'la drogue, ça serait Georges. Mais
ça m'surprendrait qu'y l'fasse.

AGATHE

Si y l'faisait, ça serait comment?

SUZY

De quoi tu t'inquiètes?

AGATHE

Du bar.

SUZY

C't'à Raymond.

AGATHE

Tant qu'y est en vie, oui. Un coup mort, c't'à moi, sa femme.

SUZY

À moins qu'y aye faite un testament disant l'contraire.

AGATHE

Ma crisse!

SUZY

Énerve-toi pas. J't'informe des termes d'la loi, j'te dis pas qu'y l'a faite.

AGATHE

Mais tu sais ça.

SUZY

J'ai marié un avocat! Commence pas, Agathe.

AGATHE

J'te truste pas Suzy... t'as jamais été ben lousse avec l'argent.

SUZY

J'en n'avais pas! Là, j'en ai. J'ai c'qu'y m'faut. J'ai pas besoin du bar à Raymond. Cé qu'tu voudrais que j'fasse avec? Veux-tu que j'te signe un papier comme de quoi, même donné, j'en voudrais pas?

AGATHE

Linda a dit qu'tu payes pour la dope.

SUZY

Linda a dit n'importe quoi parce que les trois quarts du temps, a s'comprend pus.

AGATHE

A comprend plusse que tu penses.

SUZY

(Elle regarde Linda.) Ça fait sept ans qu'est ici. Sept ans qu'a boit, qu'a s'défonce avec toutes sortes de cochonneries. J'ai essayé d'la raisonner... t'as vu comment a répond?

AGATHE

J'me d'mande pourquoi est restée?

SUZY

Pour ramasser, ça tu peux être sûre. Même un vingt, ça ferait. Linda, j'l'ai engagée avec Raymond, a l'était déjà délinquante. Ça s'est pas arrangé. C'est l'genre irrécupérable.

AGATHE

Ça, c'est l'vocabulaire de ton mari.

SUZY

(Elle rit.) Tu vois, ça déteint.

AGATHE

Pas rien qu'ça. *(Un temps.)* Suzy... me l'signerais-tu l'papier comme de quoi tu veux pas du testament si y est pour toi?

SUZY

Tu veux dire que j'renonce à hériter?

AGATHE

Ouain... d'abord que tu dis qu'ça t'intéresse pas.

SUZY

Tu m'crois pas, han?

AGATHE

J'ai d'la misère...

SUZY

T'es rendue méfiante... c'est-tu parce que c'est toi qui l'as payé?

AGATHE

Tu sais ça, toi? Qui cé qui t'a dit ça?

SUZY

Raymond tu penses ben! Y était ben fier de s'vanter de t'ça.

AGATHE

Y est à son nom, mais c'est moi qui l'a payé. J'veux pas qu'un autre le ramasse un coup qu'y s'ra mort.

SUZY

Y est pas encore mort.

AGATHE

Y est pas loin.

SUZY

Pis si c'est Linda qui l'ramasse? Vas-tu réussir à y faire signer un papier?

AGATHE

Non... j'vas l'attaquer en cours pour dire qu'a y a faite signer de force, que l'testament est pas légal. Toi... c'pas pareil, ton mari est avocat.

SUZY

Ouain... t'en as pas marié un, mais t'es t'au courant.

AGATHE

J'me sus t'informée avant de v'nir icitte.

SUZY

Pourquoi? Tu penses qu'y va mourir?

AGATHE

On sait pas… y disait qu'y était en danger. Y est pas beau à voir de toute façon.

SUZY

C'est l'accident, ça. Mais y tient l'coup.

AGATHE

Me l'signes-tu?

SUZY

J'te trouve pas mal énarvée… J'vas demander à mon mari de l'faire, j'vas l'signer pis te l'envoyer. Ça fait-tu?

AGATHE

Non. J'aimerais mieux l'avoir tu-suite, en partant à soir, dans ma sacoche.

SUZY

T'as pas trop confiance. Georges va l'faire plus légal qu'un papier signé d'même ici.

AGATHE

On sait pas c'qu'y peut arriver. Signe-moi un papier tu-suite, pis après tu m'enverras l'autre, pis on déchirera le billet, o.k.?

SUZY

Si tu veux. Ça m'fait rien, moi! Chus sûre que tu t'en fais pour rien, Raymond a pas donné l'bar à personne. Y a jamais rien donné.

AGATHE

Pour me faire chier, on sait pas.

Suzy écrit.

AGATHE

Marque pas jusse le bar, o.k.? Mets toute c'qu'y peut t'laisser.

SUZY

J'te trouve presque insultante.

AGATHE

Chus sûre que tu comprends.

Suzy lui tend le papier.

AGATHE

Merci... t'as pas mis la date!

SUZY

Ben, mets-la.

AGATHE

Non, c'est mieux toi.

Elle lui redonne le papier.

LINDA

(Se réveille.) Fuck!

SUZY

Quelle date qu'on est... Linda?

AGATHE

Le douze.

LINDA

T'es pas partie, toé?

SUZY

Non, faut que j'te parle. *(Elle remet le papier à Agathe.)* J'pense
que tu peux dormir tranquille asteure.

AGATHE

Merci, Suzy, merci.

Linda va vers le bar.

SUZY

Sauve-toi pas, j'veux t'parler.

AGATHE

J'vas vous laisser.

SUZY

Tu t'en vas?

AGATHE

Non, non, j'vas aller voir Raymond. Si y est réveillé.

LINDA

C'est ça, va tchequer l'deux d'pique pendant qu'maman va
parler à sa fille.

AGATHE

Chus venue pour ça, après toute!

Agathe monte.
Linda met une toune sur le juke-box.

SUZY

Baisse le son.

LINDA

Crisse que t'es plate! Tu m'fais penser à surveillante au Centre.

SUZY

Ouain… justement, j'veux t'parler de t'ça.

LINDA

Viens pas m'écœurer avec tes responsabilités.

SUZY

Linda… j'peux pas répondre de toi si t'es saoule pis dopée tout l'temps.

LINDA

Ben farme ta gueule. Réponds pas!

SUZY

C'est exactement c'que j'veux t'dire : je répondrai pus d'toi comme je l'ai faite avant. Monsieur Dubé le sait depuis long-temps. J'voudrais pas qu'tu l'oublies. J't'ai protégée longtemps. Georges était pas d'accord, puis je l'comprends. Si tu fais un mauvais coup pis qu'tu t'fais prendre, je lèverai pas le p'tit doigt pour toi. J'peux pus. Georges non plus.

LINDA

Georges! Monsieur Dubé! Belle gang de mange-marde! J't'ai jamais rien d'mandé madame l'archi-duchesse. Chus pas deboutte parce que tu m'tiens.

SUZY

Écoute, Linda, ton dossier est pas bon, t'es t'aussi ben d'être prudente pis de te tenir tranquille. T'es t'à deux doigts d'la prison. Les centres de délinquance, c'est fini à ton âge. T'as pus l'excuse d'être trop jeune.

LINDA

J'en ai jamais eu d'excuse! Personne a jamais rien faite pour moi. T'as faite c'qui t'tentait, c'qui t'adonnait. Viens pas m'dire que t'as été la chance de ma vie. J'ai rencontré rien qu'des trous de cul dans ma vie, pis j'ai toujours été traitée comme d'la marde: tout est normal!

SUZY

Linda... j'essaye de t'dire de pas faire de folies: c'pour toi, c'pas pour moi.

LINDA

As-tu fini? As-tu fini tes sermons? Crisse, tu t'vois pas: la justice pis la bonté en parsonne. Tu t'fais tripper en hostie, han? Pour une ancienne pelotte, tu t'fais venir rien qu'en t'habillant asteure. Tu m'écœures, la duchesse. Tu m'écœures plusse que lui en haut. Lui, au moins, y pue. Y sent c'qu'y est. Penses-tu qu'j'en ai besoin d'ta protection d'bonne sœur? J'ai besoin d'avoir la paix, pis c'est toute! Chus écœurée des bonnes âmes pis des bonnes volontés qui sont sus à terre rien qu'pour me faire chier! J't'ai rien d'mandé, jamais. Sacre-moi la paix, va-t'en dans ton château, claire la place!

SUZY

(*Elle se lève, met son manteau, ses gants, posément.*) Bon, écoute, j't'aurai avertie...

LINDA

Ben oui, ben oui, tu pourras dire à Georges que t'as faite toute c'que tu pouvais. Va t'chercher une aut' brebis galeuse.

SUZY

J'aurais voulu dire bonjour à Agathe avant d'y aller.

LINDA

Gêne-toi pas. J'peux toffer ça.

SUZY

(Du bas des escaliers.) Agathe! Agathe!

AGATHE

Oui? Laisse faire, j'descends. *(Elle arrive très vite.)* Oh! tu t'en vas?

SUZY

Ben oui, faut que j'y aille.

LINDA

J'veux pus a voir icitte.

AGATHE

Ah ben... ça m'a faite plaisir de te r'voir, Suzy.

LINDA

Y es-tu réveillé, lui là?

AGATHE

Han?... ah non... oui... j'sais pas.

> *Linda hausse les épaules, la tasse et monte.*

SUZY

T'es ben pâle?

AGATHE

J'l'ai trouvé drôle... pis y se r'semble pas.

SUZY

Ben non, c'est l'accident... Bon, ben salut, là. Prends soin d'toi.

Elles s'embrassent. Solange s'éloigne.

AGATHE

Aye!... merci pour le billet.

SUZY

Franchement, c'est...

LINDA

(Voix off.) Câlice! Câlice! Aye... aye, y est mort! *(Elle arrive.)* Y est mort! Quequ'un l'a sauté! C'pas moi! Y est mort hostie!

> *Les trois femmes figent comme à la fin de la première partie. La bande sonore continue.*

SUZY

Tout c'que je sais, c'est qu'effectivement, il y a eu un délai entre la montée de Linda et sa découverte. Je ne peux pas jurer qu'elle ait eu la possibilité de le faire dans le temps. Ce que je peux jurer, c'est que ce jour-là, je n'ai jamais approché Raymond seule. Jamais, en aucun cas.

NOIR.

ENTRACTE.

Troisième partie

LINDA

On entend la bande sonore.

VOIX DE L'EMPLOYÉ
Nom, prénom, âge, état civil?

LINDA
Côté, Linda, 22 ans, célibataire.

EMPLOYÉ
Mettez votre main sur la Bible: jurez-vous de dire la vérité?

LINDA
Je l'jure.

EMPLOYÉ
Faites votre déclaration au coroner.

> *L'éclairage monte sur la scène. Toujours le même décor que pour les autres témoignages. Linda descend les marches et écarte le rideau du fond. Elle semble se réveiller, être poquée. Elle porte son pantalon serré, ses bottes, mais pas la veste de simili-fourrure. Elle s'allume une cigarette, fait la grimace.*

LINDA
Crisse qu'y fait frette, ici!

Puis, elle tourne sur place, indécise... On entend la bande sonore.

VOIX DE LINDA

Euh... non, non... c'pas ça. J'avais été chez Jocelyn... O.K., là je l'sais...

On reprend. Linda sort par où elle est venue, elle retire le rideau derrière elle. Elle revient par l'entrée du public, avec sa veste de simili-fourrure sur le dos. Elle tire sa sacoche sur le bar.

LINDA

Crisse qu'y fait frette, ici!

SUZY

(D'en haut.) Qué cé qu't'as encore à chialer? Oùsque t'étais?

Linda s'allume une cigarette, hausse les épaules, tire la chauf-ferette d'en arrière du bar, la branche, branche le juke, se tire une chaise près du juke et s'endort.

NOIR.

L'éclairage revient. Linda se réveille. Agathe est dans la place en désordre, la main droite dans son foulard, les cheveux défaits, elle essaye de s'allumer une cigarette difficilement avec un carton d'allumettes serré entre ses genoux.

LINDA

Cé qu'tu fais là, toi? Oùsqu'est Suzy?

AGATHE

Solange? Solange la femme de l'avocat?

LINDA

T'es ben épaisse! Oùsqu'à l'est? Cé qu'tu fais là?

AGATHE

Tu dors dur, j'pense... Suzy est en haut: a lave ses plaies. Pis moi, j'sacre mon camp!

LINDA

Gêne-toi pas pour moi. La porte est au fond.

AGATHE

J'vas r'venir, inquiète-toi pas!

Elle sort. Linda se lève difficilement.

LINDA

Tu parles si j'vas m'inquiéter! Suzy! SUZY! Ah! pis va donc chier!

Elle va se chercher une bouteille de schnapps dans le bar. Elle prend un coup à même la bouteille, passe près de l'escalier.

LINDA

Suzy! Câlisse, es-tu morte?

Elle met une toune sur le juke-box et danse avec sa bouteille, toute seule, toute saoule.

LINDA

Crisse, qu'est belle c'toune-là!... La toune à Linda, la, la... *(Elle s'approche du juke.)* Joue encore, ma belle... ma belle toune à Linda... *(Elle danse et chante par-dessus la toune.)* Ma belle toutoune de Linda... ouain, pas drôle... y t'ont laissée tu-seule, j'cré ben... Y t'ont crissée là avec l'infirme. Y sont pas trop gênés. Gang d'hostie... Vous voulez m'avoir, ben c'est moi qui vas vous avoir! Vous m'trouvez niaiseuse, han, pis colonne pis toute? Ben laisse ben faire qui qui va être sus l'cul plus tard... *(Elle rit.)* C'est moé! C'est sûr que c'est moé. Une gang de requins, une gang de suceux après moi. Han, Suzy? *(Elle court jusqu'au bas de l'escalier.)* T'es pas mieux qu'moi, même si tu pètes plus haut que l'trou. Pas mieux! Je l'sais c'que tu penses. Tu t'penses ben fine, pis tu t'dis qu'chus finie. Ben t'as ben menti. *(Elle revient au juke.)* Y ont toute menti. C'est moi qui l'sais. Joue encore ma belle... joue.

> *Elle va vers la chaufferette et s'assoit par terre en face d'elle. Elle se retourne brusquement : Suzy est en haut des marches, silencieuse.*

LINDA

Qu'est-ce que tu fais là, toi? J'tai pas vue arriver! Tu m'espionnes encore? Qué cé qu't'as à m'tchequer? J'tai rien volé, aie pas peur.

SUZY

Ouain... tu t'énerves pas mal, ma Linda.

LINDA

J'm'énarve pas... Y a quequ'un qui est venu pour toé. Une vieille pas drôle qui est venue espionner pour toi quand t'étais pas là.

SUZY

Agathe? Je l'sais. On s'est parlé. T'as rien entendu?

LINDA

Tu sais aussi ben qu'moi que j'dormais! Qué cé qu'a veut?

SUZY

Voir Raymond.

LINDA

C'qu'a y veut?

SUZY

C't'une amie. A l'a déjà travaillé ici.

LINDA

Ouain, ça d'vait swinger en calvaire!

SUZY

A chantait très bien, y faisaient un duo Raymond pis elle.

LINDA

Aye, as-tu fini de m'bourrer, toé? Penses-tu qu'ça colle tes histoires de chanteuse? C'te fille-là a l'a l'air d'une matrone. Es-tu en train de m'faire une crosse, toi? J't'avartis...

SUZY

Depuis quand t'es t'énarvée d'même, toi?

LINDA

J'te truste pas pantoute. T'es pas mal madame pour être cool.

SUZY

As-tu perdu tes pelules? Tu feras pas a journée, certain.

LINDA

Parle pour toi! C'est toi qui les as cachées. T'es t'assez cheap, té compte!

> *Suzy fouille dans le bar, sort un sachet de plastique plein de pilules.*

SUZY

Tins, tes pelules!

LINDA

Asseye pas! Té caches.

Elle en prend deux avec une gorgée de schnapps.

SUZY

Tu vas faire un moyen trip avec ça.

LINDA

C'est mieux que de t'entendre.

Elle va se coucher près du radiateur.

LINDA

Tu pourrais pas mettre un peu d'cash sus l'chauffage?... Y fait frette, ici... (*Elle va remettre sa toune, se recouche.*) Ah, oui, Raymond... Ah! ben crisse, Raymond, qu'y s'ramasse tu-seul... Occupe-toi d'Raymond, o.k.? Pour une fois, ça t'fera pas mourir...

Elle s'endort encore.
L'éclairage baisse.
Quand elle se réveille, Agathe la tient sur ses genoux. Elle recule.

LINDA

Cé qu'tu fais là, toi, crisse? Es-tu folle?

AGATHE

Tu criais...

LINDA

Pis? J't'ai-tu demandé d'quoi? Oùsqu'on est là? Oùsqu'a l'est?

AGATHE

Suzy?

LINDA

De qui tu penses que j'parle? La boss...

AGATHE

Est en haut...

LINDA

Cé qu'tu veux? Cé qu'tu cherches?

AGATHE

Rien. Chus venue voir Raymond.

LINDA

Ben moi, c'est Linda. Raymond, c'pas moi.

AGATHE

O.K.

LINDA

Cé qu't'as à main?

Cette fois-ci, Agathe a la main gauche dans un bandage.

AGATHE

C'pas grave... j'me sus énervée.

LINDA

Ouain, ben pogne pas é nerfs avec moi.

AGATHE

C'est Suzy quand a m'a dit que l'bar était à elle.

LINDA

Crisse! Suzy, tout est à elle! Est propriétaire, Suzy. Tu trouves pas qu'a l'a écrit dans l'front?

AGATHE

C'bar-là est à moi, o.k.?

LINDA

(Elle rit.) Ah! ben crisse, est bonne! *(Elle se lève.)* Ça prenait ça pour me réveiller. Le bar est à Suzy asteure.

AGATHE

Le bar est à Raymond pis à moi. C'pas Suzy qui va m'faire peur.

LINDA

Attends, attends d'voir les griffes à Suzy: sont longues.

> *Là-dessus, Suzy descend les marches.*

AGATHE

Attends qu'Raymond...

SUZY

Qué cé qu'y va dire, Raymond?

LINDA

Crisse, tu pourrais pas faire du bruit, des fois? Une vraie espionne!

> *On entend la bande sonore. L'action s'arrête comme à chaque fois.*

VOIX DE LINDA

Euh... non, non... est arrivée par l'aut' bord.

On reprend à «attends, attends...» et Suzy arrive par la salle avec la même réplique. La bande sonore interrompt encore l'action.

VOIX DE LINDA

Je l'sais pus par où, mais c'que j'sais c'est que tout à coup, Suzy était là...

Elles se rendent toutes les trois dans le centre de la scène.

AGATHE

(Très fâchée tout à coup.) Le bar, c't'à moi!

LINDA

Moi, j'ai rien à voir là-d'dans! C'est Suzy la boss icitte.

SUZY

T'as ben menti, le bar, c't'à moi!

Elles se sautent dessus sans plus de cérémonie. Linda vient pour se joindre à la bataille, recule, hésite. Elle fait non. La bande sonore:

VOIX DE LINDA

Non, non, c't'avant... ça, c'tait avant, j'sais pus quand, mais avant à cause que la fille, la vieille là, avait déjà un pansement...

Les trois actrices s'assoient, découragées. La bande sonore continue.

Voix de Linda

Je l'sais pas! Je l'sais pus! Vous voyez ben c'qui est arrivé: le black-out hostie, le black-out complet... j'me souviens de rien... Chus même pas capable de voir c'te femme-là pis d'la reconnaître. Je l'sais pas si c'est sa face... laissez-moi donc tranquille... j'ai rien faite, j'tais pas là, j'tais gelée, endormie par terre, j'avais fouerré toute la nuitte... De toute façon, même si j'arais été là, vous m'croiriez pas... Vous allez la croire, elle, parce qu'est riche pis mariée avec un juge. Pis l'aut', vous allez la croire parce qu'est vieille... chus faite hestie. J'ai toujours été faite... J'vous connais: vous écoutez jamais, vous écoutez jusse c'que vous voulez, c'qui fait votre affaire! Vous vous crissez ben du monde comme moi!

> *Suzy se lève, tannée. Elle marche de long en large sur la scène.*

Voix de Linda

Non, non, j'sais pus rien. J'me souviens de rien d'autre que leur face quand j'ai eu trouvé Raymond. Ça par exemple, j'm'en souviens! Ça dessaoule une fille en hestie. Chus montée, j'sais pas pourquoi, je l'ai trouvé: laid, puffé, presque bleu, pis mort en hestie...

> *L'action reprend: Suzy et Agathe parlent ensemble à voix basse. On entend sans la voir:*

Linda

Suzy! Suzy! Cé qu't'as faite, hostie? Cé qu'tu y as faite!

> *Elle arrive dans les escaliers. Les deux femmes sont face à elle.*

LINDA

Y est mort! Y est raide mort! Raymond est mort, hostie!

Tout le monde fige. La bande sonore continue.

VOIX DE LINDA

Suzy avait la face de quand a dansait dans l'temps : excitée au boutte! L'autre, a l'a comme écrasé, a l'avait peur... ça, chus sûre qu'a l'avait peur... Je l'sais parce que moi, à partir de c'moment-là, j'ai pas arrêté d'avoir peur. J'suppose que ça sert à rien d'vous dire que c'pas moi?... Non, ben sûr... O.K. d'abord : mettons que j'tais pas assez en forme pour tuer quequ'un c'te matin-là.

NOIR.

Quatrième partie

RAYMOND

La scène est déserte. Il est environ six heures. Il fait noir dehors. Le rideau du fond est tiré, on peut voir une ombre passer devant la fenêtre. Le bar est abandonné depuis plusieurs jours. Le désordre est resté presque le même. On entend des pas dans l'escalier. Puis, le cercle d'une lampe de poche sur les marches. Arrive Solange, très chic, habillée en noir avec une fourrure noire (genre renard...) sur le dos. Elle descend les marches, ferme le rideau d'un geste sec. Elle porte, outre la lampe de poche, un sac de papier brun. Elle va derrière le bar, cherche un peu, revient déposer son sac. Elle retire sa fourrure, la met sur le juke et retourne derrière le bar d'où elle sort un « croc-bar » grand format. Elle travaille ensuite à retirer le tapis d'ozite qui recouvre la petite scène. C'est difficile et ardu, le tapis est collé. Une fois le tapis plus ou moins repoussé, elle mesure de l'œil avec sa lampe de poche pour évaluer la surface, puis elle place le « croc-bar » et force: une lame de plancher cède. On entend des coups sourds. Elle se déplace un peu vers le fond et recommence son manège. Finalement, quelque chose se soulève, un coin du plancher. Après bien des efforts, elle réussit à soulever une sorte de trappe. La trappe s'ouvre: un peu de lumière vient du trou. Solange va chercher le sac brun, en sort une bouteille de champagne attachée à une ficelle et la fait descendre dans le

*trou. On entend un : « Yeah!» du fond du trou. La bouteille
est retirée, puis elle aide Raymond (puisque c'est lui) à sortir.
Il est un peu blanc, la barbe longue mais taillée et il flotte
dans ses vêtements. Il titube un peu, le corps raide. Dès qu'il
est debout, il prend Solange dans ses bras et l'embrasse vio-
lemment, il la touche, tente de la déshabiller. Bref, il est en
train de la décoiffer! Suzy replace une de ses boucles d'oreilles
et, faussement tentée...*

SUZY

Arrête Raymond! Pas là...

RAYMOND

Ça fait deux mois que j'pense à ça!

SUZY

(Elle rit.) Pas rien qu'à ça?

RAYMOND

Non... ça pis l'reste... *(Il prend le champagne.)* Envoye, raconte!
Ça a marché, han? As-tu gardé toutes les articles? Pis les
photos? Y ont dû parler d'moi!

SUZY

Es-tu fou, toi? J'ai rien gardé. Une folle...

RAYMOND

J'veux savoir, moi! Ça fait deux mois que j'veux savoir c'qui
s'passe. Ça fait deux mois qu'j'étouffe dans c'trou-là.

SUZY

J'vas te l'conter.

Le champagne est débouché. Raymond boit au goulot.

SUZY

Saoule-toi pas, c'pas l'temps. On n'a pas fini.

RAYMOND

Crisse que c'est bon! Ça marché! Ça marché, Suzy! On l'a eu!

SUZY

On n'a pas fini j'te dis. L'argent?

RAYMOND

(Montre le trou.) Y est là. Y s'est pas plusse sauvé qu'moi.

SUZY

(Sourit.) Ç'aurait été difficile...

RAYMOND

Laisse-moi t'dire une affaire: en cas d'attaque nucléaire, amène-moi jamais dans c'te sorte de trou-là. Leur manger, là, y est dégueulasse. J'aime autant crever.

SUZY

T'as maigri, c'est parfait.

RAYMOND

Pis la barbe? C'tu bon?

SUZY

Pas pire... ça change.

RAYMOND

J'te montrerai avec les lunettes tantôt. Cé qui qui l'a eu? Agathe ou ben Linda?

SUZY

Devine...

RAYMOND

Linda. A va plaider circonstances atténuantes.

SUZY

Crisse… t'avais pas confiance, han? C'est exactement c'que j'pensais pis qu'j'avais organisé: Agathe, meurtre au premier degré. Linda a été accusée de trafic. A l'aura même pas complicité. L'enquête a rien retenu contre moi. Le procès est dans trois mois. J'vas être obligée de revenir témoigner.

RAYMOND

Tu l'as eue, han, ma cochonne? Tu l'as eue ta vengeance?

SUZY

Y est pas question de vengeance. On a monté un coup, on l'a réussi, c'est toute!

RAYMOND

Envoye, raconte! *Toute* a-tu marché? Tu peux pas savoir c'que c'était d'être là, d'entendre des bruits, d'avoir peur pis d'attendre. Le pire, c'est quand y a pus rien eu. Pus de bruit. Rien. Le bar mort. Pis un moment donné, une armée. Des pieds, des bottes cloutées on aurait dit, un vacarme! J'tais sûr qu'on était faite, que t'avais toute avoué, qu'y venaient m'chercher.

SUZY

Tu l'savais ben! C'tait l'enquête, la police. J't'avais averti. T'avais pas confiance, han?

RAYMOND

Mets-toi à ma place.

SUZY

Ben quoi? T'avais rien qu'à t'assire sus l'argent pis à attendre que j'fasse la job! C'pas toi qui risquais l'plusse.

RAYMOND

Commence pas! Moi, j'ai risqué ma peau avant, quand y s'agissait d'gagner l'cash. Penses-tu qu'des gars comme Willi pis Jerry, tu peux fourrer ça sans rien risquer? Allume donc la lumière à part de t'ça, chus tanné d'être dans l'noir.

SUZY

Wo! Pas d'risque. C'bar-là est fermé: y aura pas d'lumière dedans.

RAYMOND

Crisse t'es straight! Le rideau est fermé pis y a pas d'autre fenêtre, personne va rien voir.

SUZY

T'as pas l'air d'être revenu dans l'monde, là, Raymond. Tant qu'on n'est pas parti, on n'est pas à l'abri.

RAYMOND

Qué cé qu'tu veux qu'y arrive? Chus mort, pis Agathe va payer pour. T'es correque.

SUZY

Tant qu'on t'voit pas, chus correque. Pis toi avec.

RAYMOND

O.K., O.K. Allume un lampion au moins. Que j'te voye.

> *Elle allume quelques lampions qui traînaient sur les tables. Il la regarde faire.*

RAYMOND

Crisse que t'es belle! T'as faite exprès, han? Tu t'es arrangée pour me rendre à moitié fou avec ton p'tit air chic de femme pas facile... T'as pas repris avec Georges, han, le temps que j'me faisais chier en bas?

SUZY

J'réponds pas à ça. C'est trop niaiseux.

RAYMOND

Viens pas m'dire t'as pas baisé pendant deux mois! J'te connais:
au bout d'deux s'maines, tu d'vais t'rouler à terre.

Il lui caresse la croupe. Elle rit, provocante. Il continue.

RAYMOND

Avec qui t'as faite ça, han?

SUZY

C'est ça qui t'intéresse? Tu veux pas savoir comment l'coup a
marché?

RAYMOND

J'veux savoir les deux: le coup pis l'cul.

SUZY

On commence par quoi? Ta p'tite jalousie ou ben ta vie?

RAYMOND

(Il la lâche.) O.K. On commence par Agathe. J'aurais ben
aimé ça la r'voir, Agathe...

SUZY

A l'avait changé en maudit!... A était pas mal plus raide
qu'avant. A m'a sauté d'sus, l'croirais-tu? Linda s'est mêlée
d'y dire que l'bar était à moi. J'te dis qu'ça a pas faite. Agathe
l'a pas pris.

RAYMOND

Ben oui mais a l'avait payé!

SUZY

Je l'sais ben! Quand je l'ai vue partir après la bataille, la peur
m'a pognée, moi: dans mon plan, a était pas supposée s'choquer
d'même! J'ai été obligée d'penser vite: si y fallait qu'a revienne
pas au bar ou ben qu'a rencontre du monde qui témoigne pour
elle, j'tais faite! J'ai pas niaisé, chus montée en haut, chus
sortie par l'escalier d'secours, dans l'parking, pis je l'ai suivie.
Est rentrée à pharmacie pour s'acheter une bande Velpo, pis
après au Café du Matin chez l'gros Jean-Paul. J'ai faite son
chemin après elle: j'me sus faite reconnaître en masse, faite
deux-trois farces à pharmacie, pis chus revenue avec mes cafés
qu'j'ai jetés dans l'parking. Qui cé qu'tu penses qu'y ont cru
à l'enquête quand on a dit *toué deux* qu'on étaient sorties?
Quand on a dit *toué deux* que l'autre était restée au bar?

RAYMOND

La femme à Georges?

SUZY

Mets-en! Tout le monde m'avait vue! À pharmacie, le commis
se souvenait pas d'Agathe pantoute, pis y pouvait dire la couleur
de mon cutex! Au Café, y avait eu ben du monde, mais moi,
ben sûr, Jean-Paul s'en souvenait: j'avais prix *six* cafés! Pis j'ai
laissé une piasse de tip à Ginette... une waitress te r'connaît
dans c'temps-là. Ça pas été long, c'est ma version qui était la
vraie. Mais j'ai eu chaud. A m'a faite pédaler. Mais j'm'en sus
servie d'la bataille. J'ai même dit qu'a s'tait faite mal à main
gauche au lieu d'la droite pour la rendre capable de t'tuer.
L'affaire d'la main, c'tait une vraie foire: on a passé quatre
heures là-d'sus à l'enquête.

RAYMOND

De quoi tu parles? C'est quoi c'te main gauche-là?

SUZY

J'te l'ai dit: Agathe m'a sauté d'sus! A voulait m'tuer parce que j't'avais volé l'bar. On s'est battu pis j'y ai faite mal à main. La main droite. J'savais-tu, moi, qu'a l'avait une tendinite qui s'réveille à chaque fois qu'a flushe? Au moins, c'est l'genre de maladie qui paraît pas. Elle a disait que c'tait sa main droite qui était bandée, pis moi j'disais la gauche. Elle a dit qu'a était allée tu-seule à pharmacie, moi j'ai dit que j'tais allée pour elle. Agathe avait pas une crisse de preuve! Pis comme est droitière... avait l'air d'inventer ça pour se disculper. Peux-tu croire qu'y a pas un crétin d'la police qui était capable de s'rappeler quelle main était bandée l'jour du meurtre? Pis comme y a rien pour prouver une tendinite à part les «ayoyes» d'la malade, y ont jamais cru les «ayoyes» d'Agathe sus sa main droite.

RAYMOND

Linda, elle, a s'en souvenait pas?

SUZY

Linda! A m'aurait vue avec la shoot din mains, personne l'aurait crue! A était complètement partie. Way out! Rien à faire avec elle. A m'a sorti l'paquet d'pilules devant Agathe. J'avais l'air fin. Mais c'est elle qui a payé pour. Dans l'fond, ça y a évité la complicité.

RAYMOND

Agathe a rien prouvé?

SUZY

Rien. Agathe arrivait sûre de son coup à cause de ta lettre. A venait t'sauver, elle.

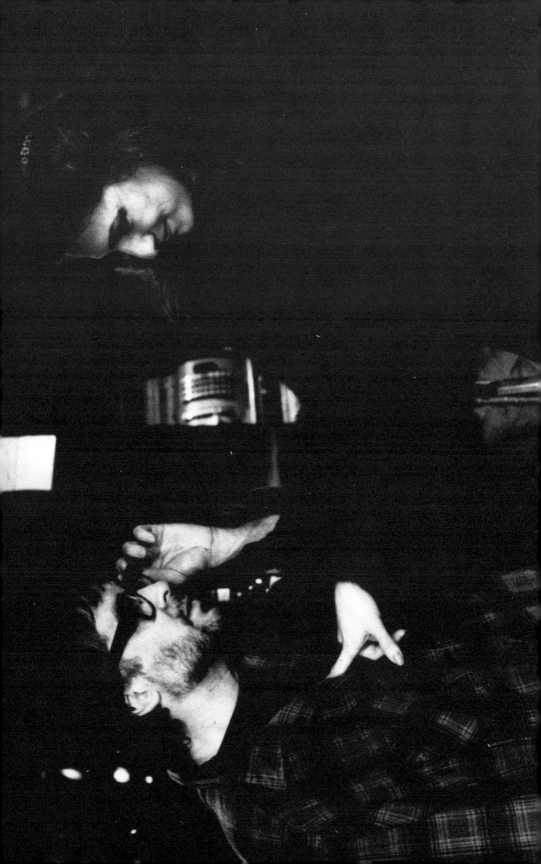

RAYMOND

J'aurais jamais dû écrire c'te lettre-là. J'aurais jamais dû t'la laisser.

SUZY

Raymond, crisse! Si on voulait voir Agathe, c'tait aussi ben d'même. À l'enquête, Agathe fait sa fraîche, a l'explique qu'a l'a ta lettre chez elle. Moi, j'dis qu'c'est moi qui y a écrit en déguisant mon style pour qu'a vienne te remonter l'moral, vu ton état. La face d'Agathe quand y ont sorti la lettre de l'enveloppe! La lettre qui ont été chercher à Montréal, s'il vous plaît! La lettre que j'avais payé cher pour faire changer avant qu'la police arrive pour fouiller chez Agathe. Pauvre Agathe! A s'est mis à bégayer, à dire que c'tait pas la bonne, qu'a comprenait rien... A disait qu'on s'tait battues toué deux pour le bar. Moi, j'disais que j'y avais promis de renoncer au bar si jamais tu me l'laissais. A pouvait pus rien prouver: j'avais écrit un billet que j'ai mis dans sa poche de manteau quand tout l'monde était ben énervé de t'savoir mort. Avec c'te billet-là, y ont jamais cru que j'm'étais battue avec elle. Y ont cru qu'a s'tait battue avec Linda par exemple. Ça, ça s'tenait! Pis Linda qui savait pus rien!

RAYMOND

Pauvre Agathe!

SUZY

Ben oui: pauvre Agathe qui avait pas la bonne lettre, qui était pas sortie dehors comme a disait, qui pouvait pus faire coller à personne que j'savais pas qu'a était mariée avec toi pis que l'bar était à elle. Personne a cru son histoire. Personne. Personne l'a reconnue formellement. J'ai même conté l'histoire de son père pour rendre ça plus attendrissant, pour y donner des circonstances atténuantes.

RAYMOND

T'es chienne! J'aurais jamais dû t'conter ça.

SUZY

C'tait bon ...ça faisait vrai. Pis c'était émouvant pour le coroner.
Même Agathe pleurait... un vrai mélo. Fallait ben y donner
queques raisons de te tuer. Un crime passionnel, ça se nourrit.

RAYMOND

Qu'est-ce qu'a va pogner, tu penses?

SUZY

D'après Georges, quinze ans.

RAYMOND

Câlice!

SUZY

Franchement, Raymond! A était concierge! A va pouvoir conter
ses histoires à du nouveau monde, pis c'est toute.

RAYMOND

Ça t'fait pas grand-chose on dirait. Toi, du moment qu't'as
c'que tu veux.

SUZY

Justement! On peut-tu voir ça, c't'argent-là? Va l'chercher,
O.K.?

RAYMOND

Tu fatiques, han? Conte-moi l'reste avant. L'accident? Ça a-
tu été roffe? T'as-tu été capable tu-seule?

SUZY

Comme un homme! Va chercher l'argent avant, O.K.? J'veux
l'voir.

RAYMOND

J'l'ai pas mangé! C't'un maudit beau paquet, tu vas voir. *(Il descend en bas.)* J'ai entendu l'bruit quand y a déboulé. Un moyen vacarme. *(Il remonte, lui donne la malette.)* J'pense que ça a été l'pire boutte c'te nuit-là: savoir que tu faisais la job tu-seule. J'avais peur qu'y s'défende pis qu'y t'clanche.

SUZY

Y a rien senti: j'l'avais loadé en masse. Mettons qu'j'y avais donné son calmant avant. Une hostie de dose. Le pire, c'tait pas l'escalier, c'tait avant. Le battre, pis sa face.

RAYMOND

Ah ouain?

SUZY

Écraser la face de quequ'un au poing américain, j'sais pas s'tu l'sais, mais c'pas facile. J'ai faite comme si Willi t'avait pogné, pis qu'y t'avait donné la volée qu'y avait envie de t'donner. J'ai fessé, fessé jusqu'à temps de tomber sus lui. J'tais morte. J'voulais tellement qu'ça aye l'air d'une job à Willi... une job dégueulasse.

RAYMOND

J'aurais dû l'faire avec toi. C'pas une job de femme, ça. J'aurais descendu dans l'trou après. Ç'aurait faite pareil.

SUZY

Toi, c'tait l'temps qu'tu fasses de l'air. Avec c'que t'avais faite à Jerry pis Willi, j'donnais pas cher de ta peau. T'étais aussi ben dans ton trou, parce qu'avec Willi qui t'collait au cul... Chus pas sûre que, resté pour faire la job, t'aurais eu une chance d'la faire... Oublie pas qu'y étaient deux après toi. Du jour que tu t'es caché, pis pendant toute la semaine avant que j'passe à l'action, Willi était au bar toué soirs avec au moins quatre gars avec le gun din poches. Y s'cachaient pas, y t'cherchaient. Linda a toujours dit qu't'étais en voyage d'affaires. Moi, j'y parlais pas : j'passais voir ma protégée Linda. Mais y a pas slacké, han : y guettait la fin du voyage d'affaires. Y t'clanchait, c'tait pas long. Pis Jerry rôdait aussi. Y avait sa gueule de gars pas content...

RAYMOND

Crisse, j'comprends! J'y ai burné son premier vrai gros coup. Cent mille piasses! Y d'vait gueuler. Un gars s'écœure.

SUZY

Moins qu'Willi.

RAYMOND

Lui, l'gros, y était capable de l'prendre. Quatre cent mille, pour lui, c'tait moins pire que c'que j'ai faite à Jerry.

SUZY

Financièrement, peut-être. Mais y t'cherchait.

RAYMOND

On a quand même perdu toute c'te s'maine-là. On aurait pu passer à l'action tu-suite.

SUZY

Crisse, t'as pas appris à réfléchir dans ton trou?

RAYMOND

Ben quoi?

SUZY

J'te l'ai dit : fallait qu't'ayes l'air d'aller cacher l'argent ailleurs. L'air d'un gars qui veut s'faire oublier pis qui s'imagine qu'une semaine c't'assez.

RAYMOND

Un épais!

SUZY

C'est ça! Jusse assez épais pour que Willi pense qu'y peut l'fourrer. Comme quand t'as faite ton coup.

RAYMOND

J'aime pas ça passer pour un épais.

SUZY

Je l'sais. Mais t'es ben content d'avoir le cash.

RAYMOND

Des fois j'aimerais ça qu'y sachent comment j'les ai eus à l'os.

SUZY

Commence pas avec ça, Raymond. C'pas toi qui as monté l'coup. T'as pas d'affaire à t'vanter.

RAYMOND

T'es ben brillante ma Suzy, mais c'est quand même moi qui a été chercher l'cash.

SUZY

Sans moi, tu t'faisais descendre en dix minutes, pis tu l'sais. T'avais pas pensé à toute.

RAYMOND

Ouain... pas sûr... anyway, c'est quand même moi qui a fourni l'remplaçant. Tu peux pas dire, le sosie, j'l'ai fourni!

SUZY

Louis? T'as ben menti! C'est moi qui y a pensé.

RAYMOND

Ben c'tait mon cousin. Tu l'as pris dans ma famille!

SUZY

Ben oui, c'tait ton cousin pis y valait pas plus cher que toi. Y était fini, c'gars-là. La dope l'avait complètement brûlé. J'espère que t'as compris d'quoi en faisant semblant d'être sus l'smac pendant un an.

RAYMOND

(*Assez fier de sa ruse.*) J'ai pas toujours faite semblant.

SUZY

Je l'sais.

RAYMOND

Mais j'tais pas fini comme le cousin.

SUZY

Tu l'as assez fourni ces dernières années pour voir que ça prend pas d'temps avant d'sacrer l'camp.

RAYMOND

Quand un gars est pas capable de s'contrôler...

SUZY

Ah! oui, j'te vois venir... toi, c'pas comme Louis, tu peux t'contrôler?

RAYMOND

Crisse Suzy! Tu m'prends-tu pour un deux d'pique?

SUZY

(*Elle s'approche de lui, l'embrasse langoureusement.*) Par chance que personne peut comparer: vous aviez l'même air, mais c'est ben clair que Louis était plus p'tit que toi.

RAYMOND

Au moins deux pouces, han?

SUZY

Au moins! Mais comme y était tout l'temps en chaise roulante...

RAYMOND

Personne s'est aperçu de rien? Jamais?

SUZY

Non. Faut dire que j'y avais démoli l'portrait: 20 points de suture sus l'front, les yeux comme des trous de suce, les dents d'en avant pétées, une joue presque pendante, pis l'nez cassé. Mettons qu'y avait moins d'allure qu'avant. Pis là, j'parle pas d'ses jambes...

RAYMOND

T'aurais pu l'achever comme rien.

SUZY

J'ai eu peur d'avoir été trop loin, mais y est pas mort. Le pire, ça été quand Linda l'a regardé. Ça, c'tait l'test. J'tais pas grosse.

RAYMOND

Pis?

SUZY

J'avais l'cœur à l'envers. A s'est approchée, a l'a dit ton nom, y l'a regardé avec de quoi dans l'œil. A l'a eu pitié j'pense, a y a dit de pas avoir peur, que c'tait elle: a pensait que *lui* la reconnaissait pas! Après, ça a été correque. Y était vraiment trop magané pour dire qui y était.

RAYMOND

Y a pas dit un mot?

SUZY

Jamais! Ma p'tite overdose a eu exactement l'effet désiré : paralysie.
J'ai été un peu raide sus la dose, j'ai ben failli l'tuer l'premier
coup. Mais ça a mieux passé à l'hôpital : tout l'monde a pensé
que c'tait un règlement d'comptes, un affaire de dope heavy.
Linda était morte de peur. A pouvait pas s'imaginer quequ'un
avec une face aussi enflée pis déformée. La police a pas insisté :
y savait déjà que c'tait une gamique à Willi, une affaire privée.
Y sont restés loin.

RAYMOND

Comment t'as faite pour te r'trouver à l'hôpital ?

SUZY

Linda! Je l'avais dans ma main. A l'a faite comme j'y avais
dit : en cas de marde, a m'appelait. A était sûre que t'étais
mort, que Willi avait guetté ton arrivée pendant qu'a était
pas là. A t'a même pas examiné avant qu'j'arrive. A l'a vu l'tas
dans l'escalier pis a m'a appelée. Moi, j'avais crissé Louis dans
l'escalier vers quatre heures du matin, quand Linda était chez
Jocelyn. À sept heures du matin, a m'appelait : a venait de
rentrer. A m'a dit : « Raymond est revenu mais j'pense qu'y
est revenu trop vite. » A l'avait une maudite peur d'avoir ça
sus l'dos. A m'a attendue sus l'trottoir! Je l'savais qu'a l'aurait
la chienne : a rien dans l'ventre c'fille-là.

RAYMOND

Pis Georges a rien dit de t'voir rentrer aux p'tites heures ?
Avais-tu l'habitude d'aller coucher ailleurs ?

SUZY

Niaiseux! Toujours la même excuse : empêcher Linda de faire
des folies. M'occuper de Linda. Tu penses ben que quand j'l'ai
appelé après l'hôpital pour aller à police avec Linda pis moi,
y s'est senti utile. Mes raisons étaient très bonnes. Pis Georges,
y croit n'importe quoi.

RAYMOND

(Il se lève. S'étire.) Crisse de Georges! Lui, y est cave! Y s'est
jamais aperçu qu'on s'tait pas lâché, toué deux?

SUZY

Penses-tu!

RAYMOND

Y a dû t'faire ça smooth à l'enquête.

SUZY

Aye : j'tais traitée aux p'tits oignons. Des égards pour madame
Rinfrette. Agathe pis Linda l'ont eu plus raide, elles.

RAYMOND

On n'avait pas besoin d'mette Agathe là-d'dans.

SUZY

Ah!... recommence pas Raymond! Est d'dans, pis est d'dans
jusqu'au cou.

RAYMOND

Dis-le don que c'tait pour te venger d'elle. T'aurais pu faire
passer ça pour un règlement d'comptes. C'est ben c'que t'as
faite quand t'as massacré l'cousin la première fois. Pis la police
a tenu ça mort. T'avais rien qu'à l'achever sans mettre Agathe
là-d'dans. T'avais pas besoin du cousin en chaise roulante pendant
trois semaines en haut pis du drame passionnel d'Agathe.

T'aurais pu l'tuer une semaine après l'coup quand tu l'as magané pis that's all. Personne avait besoin d'un paralysé qui meurt trois semaines plus tard.

SUZY

Tu penses ça, toi? Pis moi? Toi t'étais ben correque, t'étais à l'abri dans ton trou. Tu l'as pas vu, Willi, toi! Le prends-tu pour un sucker? Penses-tu qu'une fois qu't'aurais été mort, y aurait pas chercher son cash? Penses-tu qu'y aurait cru qu'en une semaine t'aurais réussi à flamber un demi-million? Qui cé qu'y aurait été voir, le gros Willi, tu penses? Jerry? Non, non, Solange! Suzy, la femme de l'avocat qui l'avait faite rentrer au Night Cap dans l'temps qu'a travaillait là. Suzy, qui l'avait aidé à faire ses premières passes dans l'coin. Suzy, la « pas-mal-wise » comme y m'a dit un soir, l'air de rien.

RAYMOND

Voyons don! Si j'tais mort, y pouvait rien faire d'autre que courir après celui qui m'avait eu. Y pouvait pas penser que toi, tu m'aurais tué pour me voler. Y aurait pensé que c'tait Jerry pis y aurait couru après.

SUZY

Ouain? Ben chus pas sûre que Jerry était un adversaire assez fort pour Willi. O.K. pour la première volée: ça, Jerry pouvait l'avoir faite. Y avait des maudites bonnes raisons. Pis Willi l'a cru. Pis Jerry d'son bord, y était assez niaiseux pour penser que Willi avait manqué son coup, qu'y avait pas fini la job. Mais y fallait leur laisser l'temps d'chercher l'cash au bar, pis leur faire peur avec la police qui collait icitte depuis l'accident du cousin. Y a pas eu un gramme qui s'est passé icitte depuis l'accident. Un mois avec la police au cul qui regardait Willi pis Jerry. Aye, Jerry a même entrepris Linda pour savoir oùs-qu'y s'rait l'cash. Mais laisse-moi t'dire qu'y perdaient plusse d'argent qu'y en faisaient à surveiller a place pis à torturer l'infirme pour avoir un aveu. Le cousin, là, y était pas mémère... Fa que j'pense que Willi a inscrit ça «perte» dans ses budgets. Y commençaient à lâcher quand «t'es mort». C'tait pas l'temps d'réveiller les histoires de dope, c'tait l'temps d'parler d'passion pis d'jalousie.

RAYMOND

Comme ça Jerry mettait Linda? Câlisse...

SUZY

Ouain... qu'est-ce qu'y aurait pas faite pour trouver l'cash... fallait pas être trop wise. Willi, lui, y a pas arrêté de m'guetter. Y s'en doutait en hostie. J'ai même vu un d'ses gars à l'enquête.

RAYMOND

Tant qu'y vont pas déterrer l'cousin...

SUZY

Non, pas d'danger. Ça servait aussi à ça Agathe: un témoin objectif. Pis a l'a été parfaite. Y a rien à dire contre Agathe: a l'a faite c'que j'voulais, comme j'voulais. A l'a même crié «Raymond» devant tout l'monde quand y ont descendu l'corps du cousin. Y avait au moins dix photos de l'épouse éplorée sus l'corps du mort dans toutes les journaux pour convaincre Willi pis Jerry si jamais y avaient encore des doutes. Pis la police plein la place: c'tait parfait! Quand y ont enlevé l'drap, Louis avait la face toute puffée, pis en plusse, ça faisait quinze ans qu'a t'avait pas vu. A l'a dit: «Mon dieu qu'y est magané! Raymond! Mon pauvre Raymond!» A pleurait, y ont remis l'drap: Raymond avait été identifié par son épouse.

RAYMOND

A va p'tête se réveiller Agathe, pis dire que t'as toute monté ça.

SUZY

Pas avec les menteries qu'a l'a l'air d'avoir contées. Imagine : a dit que *toi* tu y as écrit une lettre, pis qu'est venue jusse pour ça. Tout l'monde savait que, paralysé, tu pouvais pus écrire. Pis moi, dans ma lettre, j'dis qu't'es malade. Qui peut prouver que toi, tu y as vraiment écrit ? Toi. Pis t'es mort. Agathe aura toujours l'air d'être venue tchequer son héritage pis l'aider un peu by the way. Parfait d'même. Grâce à elle, Willi va m'lâcher, pis on va avoir la paix.

RAYMOND

T'es fière de toi, han ?

SUZY

Pas mal...

RAYMOND

T'es t'une belle vache dans l'fond, ma Suzy...

SUZY

Ben oui, ben oui... j'ai pas d'cœur quand y s'agit des femmes. Mais pour toi, mon Ray... *(Elle s'approche, le caresse.)* Tu peux pas me r'procher rien. J'ai eu pas mal de cœur avec toi.

> *Raymond la prend, l'embrasse, la pousse contre le juke, pressé d'en profiter. Suzy fait la fille égarée de désir.*

SUZY

Arrête... c'pas l'temps.

RAYMOND

Asseye donc de m'dire que t'as pas l'goût.

SUZY

Tu l'sais ben, mais c'pas l'temps. On est déjà resté trop longtemps ici. Envoye, on split l'argent, j'te donne tes papiers. Là, tu pars pour Montréal à soir, tu couches à l'hôtel à Mirabel pis t'as une place dans l'avion du Mexique demain matin. Prends pas un coup, là. Fais-toi pas voir à Montréal.

RAYMOND

Comment ça? Tu viens pas avec moi? Qué cé ça c't'affaire-là?

SUZY

Moi, Raymond, j'vas en Suisse me reposer de l'enquête. Moi, j'fais une dépression, j'm'en remets pas pis mon mari comprend ça.

RAYMOND

Pourquoi tu veux aller là? Pourquoi j'irais pas? Crisse, ça fait deux mois...

SUZY

Les nerfs! Franchement: une fois l'enquête finie, j'disparais avec toi en Suisse! C't 'intelligent! Tu penses ben qu'les gars à Willi vont vérifier un peu c'que fait la madame. C'pas l'temps d'rappliquer.

RAYMOND

Ben voyons, y en sont r'venus. Tu l'as dit: c't'à ça qu'ça servait, Agathe. Y ont perdu d'l'argent mais y s'sont pas faites donner. C'pas a fin du monde.

SUZY

Ouain... espérons qu'ça soye assez pour Willi. En attendant, on va splitter. J'pars avec la moitié en Suisse, tu prends l'autre pour le Sud. Je reviens pour le procès. Après, j'vas te r'joindre ou ben j'te fais signe, aie pas peur.

RAYMOND

Ouain… comment j'peux être sûr de t'ça, moi?

SUZY

Crisse, c'est moi qui t'avais enfermé. Tu pouvais pas sortir si je v'nais pas.

RAYMOND

Oui, mais j'avais l'cash.

SUZY

Niaiseux! Pourquoi tu penses j'ai faite ça?

RAYMOND

(Il ouvre la mallette.) Pour le cash!

SUZY

Pour partir avec un gars qui n'avait d'collé. L'cash tu-seul, ça m'intéresse pas.

RAYMOND

Georges, c'tait pas assez?

SUZY

Georges, mon bel amour, je l'aimais pas.

RAYMOND

(Fait des tas avec l'argent.) L'amour… vous êtes accrochées en hostie là-d'sus, les femmes!

SUZY

Plains-toi donc! *(Elle l'embrasse.)* Envoye, tu sors le matelas d'en bas, tu déboîtes le robinet qui vient d'la cave avec ça *(elle lui donne le «croc-barre»)* pis on met la toilette chimique dans la station-wagon qui est en arrière. On va la porter à dompe avant de s'laisser.

Elle fourre son argent dans son sac, met son manteau.

RAYMOND

Wo! On laisse toute ça là, on met l'feu pis on crisse not' camp.

SUZY

Non, monsieur! Une bécosse, ça disparaît pas d'même. J'veux que c'trou-là soye un trou avec rien d'dans quand ça va être en ruine ici. Les meubles: en haut, le robinet: cassé, la toilette: à dompe. Envoye! Pis l'feu quand j'serai en Suisse si ça t'fait rien.

RAYMOND

Personne peut t'soupçonner. Qui cé qui va mettre le feu?

SUZY

Ça s'paye c'te genre de service-là. Toute est arrangé.

RAYMOND

Ouain… tu r'gardes pas à dépense.

Il ferme la mallette. Commence à descendre dans le trou.

RAYMOND

Dire que ça va brûler ça… c'est presque ma vie. Agathe aura même pas ça.

SUZY

(Se met du rouge à la lumière d'une chandelle.) Quarante-cinq mille piasses d'assurance pour faire quinze ans d'prison, c'pas pire.

RAYMOND

Ah ouain?

SUZY

Ben oui! Tu diras qu'j'y ai jamais rien donné.

RAYMOND

T'as pris ça, toi?

SUZY

Non, toi. Y a cinq ans quand on a commencé à jouer serré avec la poudre. Pour se faire une porte de sortie. Tu t'souviens pas? C'tait l'genre de conseil que j'te donnais.

RAYMOND

Ouain, t'es d'bon conseil en hostie. *(Il va chercher le matelas, le remonte.)* C'pas à ton nom, c't'assurance-là? Comme le bar?

SUZY

Rien est vraiment à mon nom, Raymond. On a toujours *dit* ça, mais le bar est à ton nom. On a faite accroire que l'bar était à moi parce que ça faisait mon affaire pour pouvoir venir ici, pis ça faisait la tienne d'avoir l'air du gars qui a rien. On n'a rien signé. C'est ta femme qui ramasse l'assurance.

RAYMOND

Wo, Suzy, wo! J't'avais signé un papier.

SUZY

Pas légal. Pas intéressant pour moi. Ben qu'trop dangereux dans un procès pour meurtre où la femme ramasse le cash de l'assurance pis un bon mobile en même temps. Le bar à moi, c't'une rumeur...

RAYMOND

T'es wise en hestie... C'est comme la rumeur que tu peux pas m'sentir? Que tu m'as jamais aimé?

SUZY

C'est ça. Dépêche-toi.

Raymond redescend. On l'entend fesser sur un tuyau. Pendant ce temps, Suzy prend la mallette, l'ouvre, vérifie le contenu. Ensuite, elle sort un revolver de son sac, vérifie s'il est chargé, referme son sac d'un geste sec.

SUZY

Dépêche, Raymond! *(Pour elle-même.)* On a encore un p'tit détail à régler toué deux... À dompe, mon amour.

> *Elle glisse le revolver dans son sac. Raymond remonte la toilette et un sac vert. Il porte des lunettes à montures noires. Il ferme la trappe.*

RAYMOND

Bon, tout est là. Le reste va brûler. *(Il s'époussette.)* J'ai rien à m'mettre, moi.

SUZY

J'ai une belle tite valise pour toi dans l'auto. C'est bon, les lunettes.

RAYMOND

Ça m'fait bien, han? *(Il s'approche d'elle, ouvre son manteau, la caresse.)* Envoye donc... fait deux mois qu'j't'ai pas touchée. J'vas faire ça vite.

SUZY

(Se dégage.) Non, non, prends la toilette, on s'en va. Si on s'dépêche, on pourra peut-être faire de quoi dans l'auto avant de s'laisser.

Raymond prend la toilette. Elle éteint les lampions, prend la lampe de poche, la mallette, et ils sortent par où elle est entrée. On entend la bande sonore.

Voix de Suzy

Allô, Georges? Chus à l'aéroport, j'voulais t'dire bonjour avant d'partir... Oui, j'vas mieux, j'ai liquidé l'passé, comme une grande fille... J'ai faite mon ménage... des cendres... Ça s'enterre un passé, ça devient presque rien, un tas d'cendres... Toutes mes vieilles lettres d'amour sont à dompe, pis y vont rester là... Oui, chus parfaite, j't'attends à Genève... oui, j'ai tout c'qu'y nous faut, j'ai assez d'argent... Ah! oui: fais-toi un bon feu en pensant à moi, O.K.? *(Un temps.)* Georges? Après le procès, on va faire une grande fête O.K.? On va inviter toute Valleyfield. On va leur montrer...

FIN

CET OUVRAGE
COMPOSÉ EN GARAMOND RÉGULIER CORPS 12 SUR 14
A ÉTÉ ACHEVÉ D'IMPRIMER
LE QUINZE AVRIL MIL NEUF CENT QUATRE-VINGT-SEPT
PAR LES TRAVAILLEUSES ET TRAVAILLEURS DES PRESSES
DE L'IMPRIMERIE MARQUIS
À MONTMAGNY
POUR LE COMPTE DE
VLB ÉDITEUR.

IMPRIMÉ AU QUÉBEC (CANADA)